ECO
PACKAGING
DESIGN

monsa

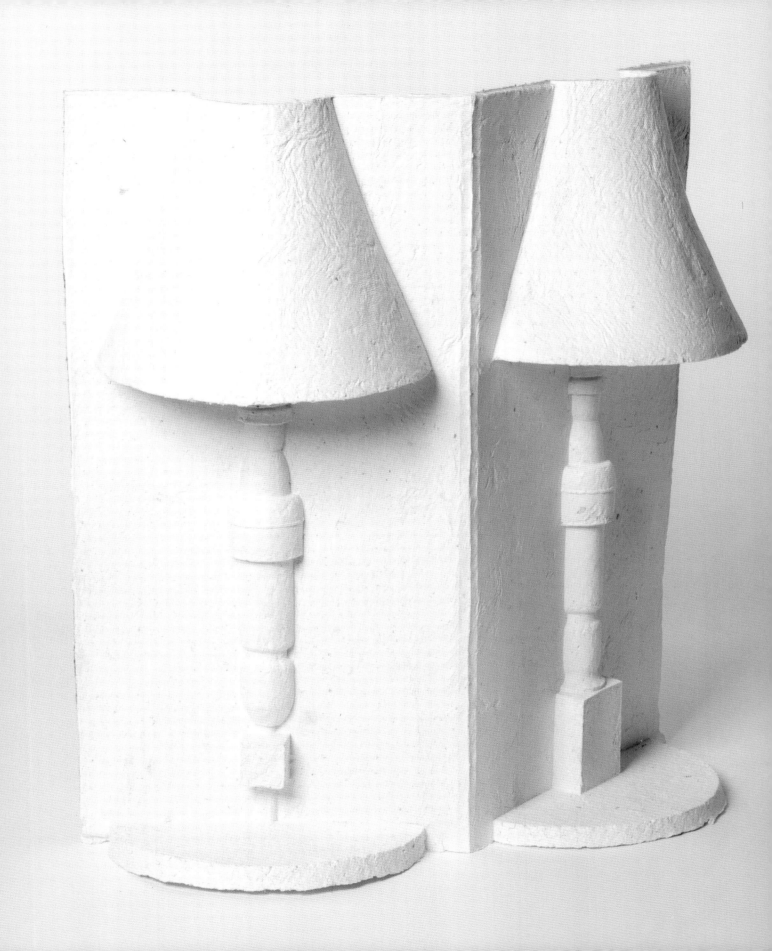

Global responsibility and commitment to the environment means the pressure is on to seek environmentally friendly and sustainable solutions to combat mounting environmental degradation. Natural forests are replanted and felling is controlled to ensure paper is produced from sustainable plantations using 100% eco-friendly raw materials and safe production methods. The aim is to ensure that, as far as possible, every form of packaging on the market consists of non-toxic materials with a view to protecting and safeguarding the health of both consumer and planet; all raw materials must be biodegradable and totally recyclable, either for new packaging or, at the very least, re-usable in the home. Hundreds of innovative ideas have demonstrated just how a package can be more than just a container.

Packaging products are designed to last as long as possible before recycling, where the vital process starts all over again. The importance of recyclable packaging is clearly recognised by all market sectors; either because the product itself is natural and eco-friendly or manufacturers wish to draw attention to the essence of the product, demonstrating commitment to environmental protection through company products. On the whole, awareness as regards the importance of recycled products is gradually increasing. Some products are even manufactured solely from sustainable, recycled and eco-friendly materials even though this is not openly illustrated. The interest shown by designers in this field of packaging is clearly demonstrated by the outcome of numerous remarkable projects.... recyclable packaging, packaging produced from sustainable, eco-friendly recycled materials, re-usable packaging in its existing state, at least for a couple of times more or even repeatedly.

Whatever the product, all of this packaging has one thing in common: a container intentionally designed to protect and preserve our environment.

La responsabilidad y el compromiso mundial nos lleva, cada vez con más apremio, a buscar soluciones respetuosas con el medio ambiente, sostenibles y no agresivas con un entorno cada vez más susceptible a los cambios. Los bosques se replantan y se controla su tala, de forma que se asegura que el papel procede de plantaciones sostenibles. Se usan métodos no agresivos para su composición y materias 100% ecológicas. Se procura que cada envase que sale al mercado contenga los mínimos elementos nocivos para la salud del consumidor y para la salud del planeta. Y se procura que todos los componentes que forman el envase sean, después de su uso, totalmente reciclables, bien siendo biodegradables, reciclables para nuevos envases, o simplemente dándoles un segundo uso en el hogar. Cientos de propuestas nos muestran como conseguir que un envase no sea solo un contenedor para un producto.

Su vida se alarga lo máximo posible antes de entrar en el proceso de reciclado y continuar así el círculo vital. Todos los sectores muestran interés por los envases reciclables, ya sea por que el producto es natural o ecológico y necesita reflejar a primera vista su espíritu, ya sea por que la empresa desea mostrar su compromiso medioambiental a través de sus productos. El caso es que poco a poco se toma mayor conciencia e interés por el reciclaje. Cabe destacar incluso algunos trabajos cuya apariencia no refleja el uso de material reciclado, ni ecológico ni sostenible y sin embargo todos sus componentes lo son. El interés que los diseñadores muestran en este campo del packaging nos ha permitido encontrar proyectos realmente interesantes producidos en esta dirección.... Envases que son reciclables, envases que proceden del reciclado, materiales que son ecológicos y sostenibles, envases que se reutilizan una y otra vez, o que reconvierten su función para seguir siendo útiles.

Envases para productos que, sea cual sea su contenido, tienen una misma cosa en común: un contenedor respetuoso con un proyecto de futuro, el compromiso con el medio ambiente.

Anna Jordà & Miquel Abellán

 RECYCLABLE

 ECOLOGICAL

 REUSABLE

 ORGANIC_PRODUCT

 BIO_DEGRADABLE

NOW WE HAVE RECYCLABLE MATERIALS FOR PACKAGING. PACKAGING FOR ECO-FRIENDLY PRODUCTS. SUSTAINABLE, ORGANIC, ECO-FRIENDLY AND BIODEGRADABLE PRODUCTS. RECYCLED MATERIALS FOR REUSABLE PACKAGING AND CONTAINERS. PACKAGING FOR ORGANIC, SUSTAINABLE AND ECO-FRIENDLY PRODUCTS. ORGANIC FREE-RANGE EGGS AND SUSTAINABLE SOAPS. RECYCLABLE, ECO-FRIENDLY, ORGANIC AND BIODEGRADABLE PACKAGING.

HAY MATERIALES RECICLABLES PARA PACKAGING. DISEÑO DE PACKAGING PARA PRODUCTOS ECOLÓGICOS. PRODUCTOS ORGÁNICOS Y MATERIALES ECOLÓGICOS, BIODEGRADABLES Y SOSTENIBLES. DISEÑO DE MATERIALES RECICLABLES PARA EMBALAJE Y ENVASES REUTILIZABLES. PACKAGING PARA PRODUCTOS ORGÁNICOS, SOSTENIBLES Y ECOLÓGICOS. HAY HUEVOS ECOLÓGICOS Y HAY JABONES SOSTENIBLES. PACKAGING RECICLABLE, ECOLÓGICO, REUTILIZABLE, ORGÁNICO Y BIODEGRADABLE.

INDEX

 Adam Paterson & Santi Tonsukha
70
138

 Benjamin Yi
46

 ChappsMalina
180

 António João Policarpo
82

 Big Dog Creative
91

 Chris Cavill
98

 Apokalyps Labotek
137

 Björg í bú
120

 Chris Chapman
176

 Athanasios Babalis
132

 Boxed Water is Better
83

 Chris Trivizas
47

 Atipus
50

 Brandimage
52

 Ciclus
106
142
147

 Barfutura
84

 Branditecture
38

 CuldeSac
121

 Bedow
60

 Brandnew Design
128

 David Gardener
148

 Bellroy
21

 Burgopak
22

 David Graas
156
166
179

 Ben Huttly
118

 Carolina Caycedo
78

 David Graham Design
136

DEDE DextrousDesign
44

 Éva Valicsek
100

 H-57 Creative Station
29

 Depot WPF
61

 Fontos Graphic Design Studio
183
186

 Hampus Jageland
58

 Devon Visual Group
157

 Formboten
135

 Happy Creative Service
122

 Dialogumethod
26

 Frank Aloi
108
152

 Helen Maria Bäckström
109

 Dídac Ballester Disseny
168
175

 Freddy Taylor
13

 Ilvy Jacobs
171

 Duffy & Partners
23
27

 Fredrik Staurland
111
140

 Inhouse Design
110

 Dyhr.Hagen
144

 Freshthrills, LLC
16

 Isabela Sertã
184

 Ecojoekits
146

 Fuseproject
151
154
162

 Ivan Maximov
72

 Ecolean
170

 GrupoVibra SpA
62

 Javier Garduño Estudio
80

 Envision
190

 GT Design International Co.Ltd.
187

 Joe Stephenson
188

INDEX

 Joy Lin
90

 Marisol Escorza, Federico Beyer
73

 Noah Butcher
30

 Kaatia
160
167

 Markus Diebel
18

 Noem9 Studio
181

 Landini Associates
56

 Markus Ölhafen
102

 Núria Vila / Espai creatiu
178

 lg2boutique
86

 Michelle Gadeken
14

 Office
36

 Lindsay Perkins
177

 Mika Kañive
19
20

 Olivia Paden
96

 Lindsey Faye
117

 Mike&Maaike
164

 OTOTO
169

 Lluís Serra Pla
54

 Miller Creative LLC
115
116

 Oussama Mezher
33

 Man Wai Wong
104

 Moag Bailie Design Consultants
55

 Owen&Stork
88

 Manuel Jouvin
126

 Narani Kankan
172

 Pega D&E
124

 Marie-Noël Therrien
114

 Neosbrand
68

 Peter Gregson Studio
65
66

Rebecca Egebjerg, June Sagli & Eivind Reibo
150

 Swear Words
161

 Vadim Paschenko
76

 SabotagePKG
130

 Szymon Hornowski
134

 Vasily KasSab
99

 Sara Nicely
31

 Tal Marco Design
158

 Winnie Yuen
112

 Savage Diplomacy
32

 The Creative Method
28

 Schneiter meier AG
92

 The Directors Bureau Special Projects
39

 Society27
34

 Thomas Hayes
42

 Sophia Georgopoulou
24

 Tran Huynh
48

 Steve Haslip
182

 Treasure
74

Studio Boca
174

Typuglia
40

Studio Stephanie Kuga
145

UXUS
64

BEAN BAGS - GEO ORGANICS
Freddy Taylor
Edinburgh - London, UK
DESIGNER **Freddy Taylor**
www.freddytaylor.uk

Try an reflect the honesty of the brand and product through innovative packaging and a new identity/product range: 'Bean Bags'.

Intentamos reflejar la honestidad de la marca y del producto a través de un packaging innovador y una nueva identidad-gama de productos: 'Bean Bags'.

ALFRESCO LAUNDRY SUPPLIES
Michelle Gadeken
Seattle, Washington, USA
DESIGNER **Michelle Gadeken**
www.cargocollective.com/michellegadeken

This project was designed to promote sustainability and environmentally conscious practices with in the home environment and sales industry. Alfresco is a hypothetical laundry supply company that seeks to re-frame natural/sustainable material use and open air-drying as a household standard. The packaging as well as the products they hold are designed to be simple, smart, and highly functional; cutting down on excessive waste and focusing more on the long term useful value of what is purchased. All Sales packaging was designed to be made from post consumer, recycled cardboard or paper. After use it may be recycled again. No adhesives are used for binding or sealing. Printing would be done with eco friendly, soy ink. Contains Bamboo Clothespins, Soap Nuts Detergent Pack and Soap Nuts Refill.

Este proyecto se diseñó para promover la sostenibilidad y las prácticas respetuosas con el medio ambiente en los hogares y en la industria de las ventas. Alfresco es una empresa de productos de lavandería hipotética que tiene como objetivo el replanteamiento del uso de materiales naturales sostenibles y el secado al aire libre como norma común en los hogares. El packaging, así como los productos que contiene, están diseñados para que sean simples, inteligentes y altamente funcionales; se reducen los desechos excesivos y se da más atención al valor a largo plazo/ útil de lo que se compra. Todos los embalajes de los productos vendidos están hechos a partir de cartón o papel reciclado desechado por consumidores. Tras su uso, se puede volver a reciclar. No se utilizan adhesivos para fijar ni sellar. La impresión se realiza con tinta de soja ecológica. Contiene pinzas para la ropa de bambú, un pack de nueces de jabón Soap Nuts y un pack de Soap Nuts de repuesto.

MOTORMAN CHOCOLATE LAGER PACKAGING

Freshthrills, LLC
Brooklyn, USA
DESIGNERS **John Merlino & Kingsley Harris**
www.freshthrills.com

We found inspiration in waterfront of Brooklyn and decided on branding the beer as Motorman. For all you history buffs, a Motorman is the title of a trolley engineer and during the early 1900's, people commonly rode trolleys to get around downtown Brooklyn. In a lot of ways, the Motorman is a perfect symbol of resourcefulness because they not only operated and maintained the trolley but also acted as the conductor. We likened the Motorman's responsibilities to that of Freshthrills and how we approach our work. To push the concept further, we developed the Motorman's Decree, a set of guidelines which was imprinted on the coasters. This additional element allowed us to bring in a little humor and added a useful keep-sake to extend the life of the project.

Nos inspiramos en los muelles de Brooklyn y decidimos darle el nombre de Motorman a la cerveza. Para los aficionados a la historia, Motorman es el nombre que recibe un ingeniero de locomotoras eléctricas, y a principios de los años 1.900 la gente solía ir en locomotora para desplazarse por el centro de Brokklyn. En varios sentidos, el Motorman es el símbolo perfecto de la ingeniosidad, ya que no solo hacían funcionar la locomotora y la reparaban, sino que también actuaban como el conductor. Relacionamos las responsabilidades del Motorman con las de Freshthrills y el modo en que abordamos nuestro trabajo. Para llevar el concepto todavía más lejos, desarrollamos el Decreto del Motorman, un conjunto de pautas que se imprimieron en los posavasos. Este elemento adicional nos permitió darle un toque de humor y proporcionó un recuerdo útil para ampliar la vida del proyecto.

MANYMALS
Markus Diebel
San Francisco, CA, USA
DESIGNER **Markus Diebel**
www.manymals.com

Manymals is a unique family of jewelry comprised of creatures that hang by nature. The original forms are hand-sculpted by Markus; they are then cast in different materials, hand-polished and packaged in San Francisco. At a presentation of Wild Aid, Markus met Bo Derek, who encouraged him to support her cause. With part of the proceeds going to Wild Aid, your purchase actually helps the animals whose beauty it captures. The packaging is made from 100% sugar cane pulp (compostable 2-4 months) and resembles 2 wombs which house the manymal in the larger and the chain in the smaller pod.
Each package features a story about the Manymal inside. It was important to him to come up with a different, innovative approach to packaging in terms of the "out of the box" experience, the sustainable material make -up and the metaphorical appereance.

Manymals es una original familia de joyas compuesta por criaturas que cuelgan por naturaleza. Las formas originales son esculpidas a mano por Markus; luego se moldean en distintos materiales, se pulen a mano y se empaquetan en San Francisco. En una presentación de Wild Aid, Markus conoció a Bo Derek, quien le animó a apoyar su causa. Una parte de los beneficios se destina a Wild Aid, con lo cual tu compra está ayudando a los animales cuya belleza se capta en las joyas. El packaging está hecho totalmente de pasta de caña de azúcar (compostable en 2-4 meses) y se parece a 2 úteros, que albergan el Manymal en la vaina más grande y la cadena en la más pequeña. Cada uno de los paquetes presenta una historia sobre el Manymal en su interior. Para él, era importante encontrar un enfoque innovador distinto para el packaging en términos de experiencia "estandarizada", de composición en materiales sostenibles y de apariencia metafórica..

CODORNIU PROMO PACK "CANDLE"
Master en Packaging Design
Barcelona, Spain
DESIGNERS **Clara Roma**
www.behance.net/clararoma
Mika Kañive
www.behance.net/mika_kanive
Jose Luis García Eguiguren
www.gworkshopdesign.com

The challenge for the master in Packaging design was to create a promotional pack for Pinot Noir cava from Codorniu. Intent on increasing the life of the pack, this pack-candle was created and scrutinized from start to finish, from design to disposal. Peep holes breed curiosity as to what lies inside, finally discovering the bottle of cava. The bottle is easily carried by means of a strap. Once opened, the pack can be used as a candle lamp. The image of a couple comes to mind, taking a sip of cava as they share a romantic candle-lit dinner. Finally, the pack is easily separated and suitable for disposal.

Dentro del Master en diseño de Packaging, el reto fue crear un pack promocional para el cava Pinot Noir de Codorniu. Tratando de alargar la vida del pack, se creó este pack-candle y pensado desde el momento del lineal hasta el momento en que llega al contenedor de basura. Los orificios ayudan a generar interés por saber que es lo que hay dentro, encontrando así la botella del cava. Por medio de una cinta el consumidor puede transportarlo fácilmente. Pensando en el momento del consumo, se imaginó a una pareja bebiendo el cava con una rica cena y utilizando el pack como lampara de vela, creando un ambiente más íntimo. Finalmente, se desmonta de manera fácil, lo que ayuda a separarlo correctamente en la basura.

FRTS & YGRT
Master en Packaging Design
Barcelona, Spain
DESIGNER **Mika Kañive**
www.behance.net/mika_kanive

Inspired by David Espluga, this yoghurt pack was designed with the same commitment as "MOLARA". On a free rein basis, the design was studied and the decision made to create a clean and simple package, truly appetising and designed to speak for itself. Based on the idea of the pack being re-used as a glass or some other form of container and minimum impact on the natural environment, the containers are produced from just two materials: glass and cardboard. With information and contents in both English and Spanish on the pack, "FRTS&YGRT" is ready to cross the threshold into the international market.

Con la tutoría de David Espluga, se encomendó realizar un pack de yoghurt con la única mision que "MOLARA". Con tanta libertad, y despues de estudiar el lineal se decidió hacer un pack simple, limpio que hablara por si solo y que fuera realmente apetitoso. Con la idea de que pudiera ser reutilizable como vaso o cualquier tipo de contenedor y que el impacto ambiental fuera mínimo se utilizaron solo 2 materiales: vidrio y cartón. El nombre del producto FRTS&YGRT hace que se pueda internacionalizar ya que se lee igual tanto en ingles como en español, además de describir exactamente el contenido del producto.

BELLROY WALLET SLEEVE
Melbourne, Australia
DESIGNER **Hadrien Monloup, Bellroy co-founder and head designer**
PHOTOGRAPHY **David Green**
www.bellroy.com

They went with something a little different then traditional wallet companies, and created a really nice envelope created from card. The bonus is that this package is able to sent in post so that anyone who has ordered a wallet gets the Bellroy experience from the moment it's delivered into their hands. They wanted to give the consumer something more then a box that gets thrown out, this envelope starts the Bellroy experience for them from the moment it hit's their hands. This packaging is post ready and the way it looks in the photos is the way it gets sent out. Plus use of card is a little softer on the environment too.

Hicieron algo distinto a lo que hacen las empresas de monederos tradicionales, y crearon un sobre muy bonito con cartón. Lo mejor es que este embalaje se puede mandar por correo, de modo que todos aquellos que piden un monedero viven la experiencia Bellroy desde el momento que llega a sus manos. Querían darle al consumidor algo más que una simple caja que se tira a la basura. Este sobre inicia la experiencia Bellroy desde el momento en que llega a sus manos. Este packaging está listo para ser mandado por correo y tal como se ve en las fotografías, es como se envía. Además, el uso de cartón no es tan nocivo para el medio ambiente.

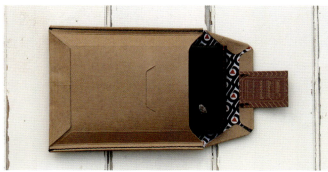

BLOOMINGDALE'S LITTLE GREEN CARD
Burgopak
Chicago, USA
DESIGNER **Structural design by Burgopak, incorporating the patented sliding mechanism.** Artwork supplied by Bloomingdale's.
www.burgopak.com

Burgopak designed a unique gift card pack, the "Little Green Card," for leading US retail store Bloomingdale's as part of their Earth Day effort. The design is a continuation of Burgopak's original gift card pack, the "Little Brown Card," created for Bloomingdale's in early 2009. In a simple one-pull motion, the pack slides open to present a branded gift card. Incorporating Burgopak's patented sliding mechanism, the playful format encourages engagement between brand and consumer, creating an enjoyable and memorable gift-receiving experience as well as helping to build sales and brand equity. Bloomingdale's "Little Green Card" design has been made from 70% post-consumer kraft board and does not use a laminate or varnish.

Burgopak diseñó un original pack de tarjeta regalo, la "Little Green Card," para la principal tienda minorista de los E.E.U.U., Bloomingdale's, como parte de su proyecto para el día mundial de la Tierra. El diseño es una continuación del pack de tarjeta regalo original de Burgopak, la "Little Brown Card," creada para Bloomingdale's a principios de 2009. Con un simple tirón, el pack se abre y presenta una tarjeta regalo de la marca. Al incorporar este mecanismo deslizante patentado de Burgopak, el formato juguetón promueve la interacción entre la marca y el consumidor, haciendo que la experiencia de recibir un regalo sea muy placentera y memorable, y al mismo tiempo ayudando a aumentar las ventas y el interés de la marca. El diseño de la "Little Green Card" de Bloomingdale's se ha hecho a partir de cartón Kraft reciclado en un 70% y no contiene laminado ni barniz.

AVEDA MEN
Duffy & Partners
Minneapolis, MN, USA
DESIGNERS **Sam Sherman, Joseph Duffy**
www.duffy.com

A leader in the world of natural hair and body care, Aveda saw the opportunity to introduce a new line designed specifically for men. Inspired by science, new formulas were created to address unique hair care needs of modern men and in so doing, tap into a huge market potential. Aveda uses post-consumer recycled materials in Aveda Men Pure-Formance packaging to limit the use of virgin plastics/fiber.

Uno de los líderes en el cuidado natural del cuerpo y el cabello, Aveda, vio la oportunidad de introducir una nueva línea especialmente diseñada para el hombre. Inspirados en la ciencia, crearon nuevas formulas para satisfacer las necesidades relativas al cabello de los hombres modernos, y con ello, abrir un enorme potencial del mercado. Aveda utiliza materiales reciclados desechados por los consumidores en los embalajes de Aveda Men Pure-Formance para limitar el uso de plásticos/fibra vírgenes.

PLANT YOUR DREAMS AND LET THEM GROW

Sophia Georgopoulou
Athens, Greece
www.sophiag.com

PLANT YOUR DREAMS AND LET THEM GROW is the title of this self promotion project and my wish for 2011. The actual tulip flowers and their "unique" names (Red Emperor, Pink Diamond, Sweetheart, etc..) inspired me to create a series of ecological and interactive packages containing tulip bulbs. The packages were sent as gifts to friends and clients and offered them a unique experience by telling them to "Plant their Dreams", take care of them and see if they will grow and come true this year. The illustrations created on the packs were inspired by the name of each "unique" tulip and were drawn by hand.

PLANT YOUR DREAMS AND LET THEM GROW (Planta tus sueños y déjalos crecer) es el título de este proyecto de autopromoción y mi deseo para 2011. Los tulipanes y sus "originales" nombres (Emperador Rojo, Diamante Rosa, Sweetheart, etc..) me inspiraron para crear una serie de embalajes ecológicos e interactivos que contuvieran bulbos de tulipanes. Los paquetes se mandaron como regalos a amigos y clientes y les proporcionaron una experiencia única al decirles que "plantaran sus sueños", los cuidaran y esperaran a ver si crecían y se hacían realidad este año. Las ilustraciones creadas en los paquetes se inspiraron en el nombre de cada tulipán y se dibujaron a mano.

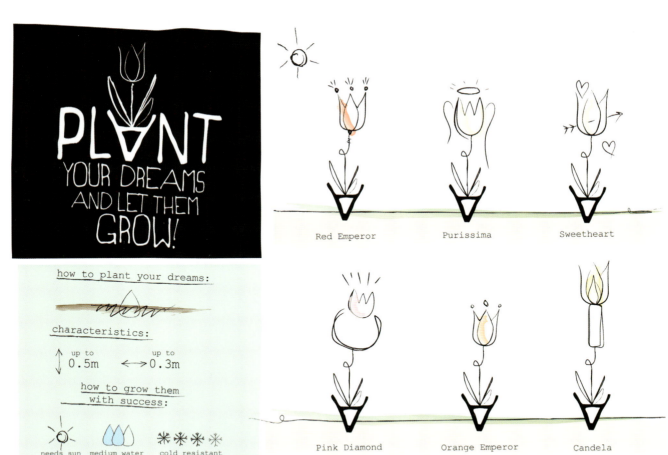

TAKE-OUT MEMO
Dialogumethod
Seoul, South Korea
DESIGNER **Seo, Sunghyeop**
www.sunghyeopseo.com

This is not a just takeaway coffee cup but memo pads. The half shape of cup revolves and makes a bound memo pads cup. It serves 2 cups in a handle carrier. You are in the mood for taking away coffee when you purchase this. It can also be used as a good interior decoration on your desk.

Esto no es solamente un vaso de café para llevar, sino también un bloc de notas. La media forma del vaso se abre y crea un bloc de notas en forma de vaso de café. Se pueden poner dos vasos en un porta-vasos. Cuando lo compres, te apetecerá tomarte un café para llevar. También se puede utilizar como objeto decorativo en tu mesa de trabajo.

MYNDOLOGY
Duffy & Partners
Minneapolis, MN, USA
DESIGNER **Candice Leick**
www.duffy.com

Myndology—the Bare line. This line of notebooks takes the brand mantra "good thinking" one step further and introduces an even more eco-friendly offering from Myndology. Featuring custom laser cut covers and 100% recycled French Paper, the line was produced using soy inks and 100% clean, renewable hydroelectric energy. Choose in convenient Memo or practical Journal sizes, in your preference of pine, sand or clay colors.

Myndology—la colección Bare. Esta colección de cuadernos lleva el lema de la marca "good thinking" más allá e introduce un producto todavía más ecológico de Myndology. La colección, que presenta cubiertas cortadas a laser a medida y papel francés 100% reciclado, se produjo utilizando tintas de soja y energía hidroeléctrica renovable y limpia. Permite escoger entre el tamaño de bloc de notas o el de diario, y entre color pino, arena o arcilla.

27

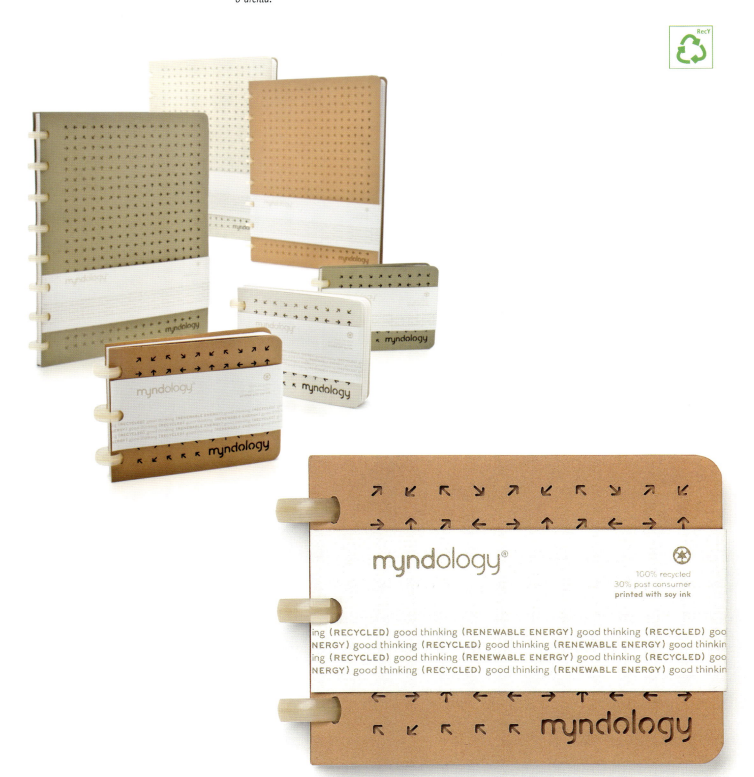

ALTERNATIVE
The Creative Method
Sydney, Australia
DESIGNERS **Tony Ibbotson & Tim Heyer**
CREATIVE DIRECTOR **Tony Ibbotson**
FINISHER ARTIST **Tim Heyer**
ILLUSTRATOR **Tim Heyer**
www.thecreativemethod.com

To name and create a premium organic package for a limited edition of top end organic Marlborough Sauvignon Blanc Wine. It needed to look and feel natural but original and act as a talking point for consumers. Alternative was chosen as it reflects a new way of looking at organic packaging. The concept simply shows a vine from the leaves, to the bark to the wine. Every aspect of the packaging was organic, this includes the laser cut balsa wood, the string and wax that is used to afix the label to the bottle, the outer paper wrapping and even the inks used to print the image.

Había que nombrar y crear un embalaje orgánico de calidad para una edición limitada para un vino Sauvignon Blanc de Marlborough orgánico y de gran categoría. Tenía que tener una apariencia natural y al mismo tiempo original y servir de tema de conversación para los consumidores. Nos decantamos por el nombre Alternative, puesto que refleja un nuevo modo de entender el embalaje orgánico. El concepto simplemente muestra una vid, desde las hojas, a la corteza y al vino. Todos los aspectos del packaging son orgánicos, eso incluye el palo de balsa cortado a laser, la cuerda y la cera que se utilizaron para fijar la etiqueta a la botella, el envoltorio de papel e incluso las tintas utilizadas para imprimir la imagen.

RE-PACK PROJECT
H-57 Creative Station
Milan, Italy
GRAPHIC DESIGNER **Matteo Civaschi**
www.h-57.com

During Xmas time we launched an operation to sensitize people called Re-Pack Project. To create awareness among our clientele and all the people who came across the project to reuse old packagings without buying or making new ones. The project shows in a very simple way how turning inside out a cardboard box you can reuse it again, a red sticker applied on the box explains the project to sensitize the person who receive it to do the same thing.
Long life to boxes.

Durante el periodo navideño, lanzamos una operación para sensibilizar a la gente, llamada Re-Pack Project, para concienciar a nuestros clientes y a todas las personas que se cruzan con el proyecto para que reutilicen antiguos embalajes en lugar de comprarlos o hacerlos nuevos. El proyecto muestra de un modo muy simple como, girando una caja de cartón al revés, se puede reutilizar. Una pegatina roja sobre la caja explica el proyecto para sensibilizar a la persona que la recibe para que haga lo mismo. Larga vida a las cajas.

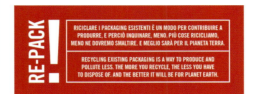

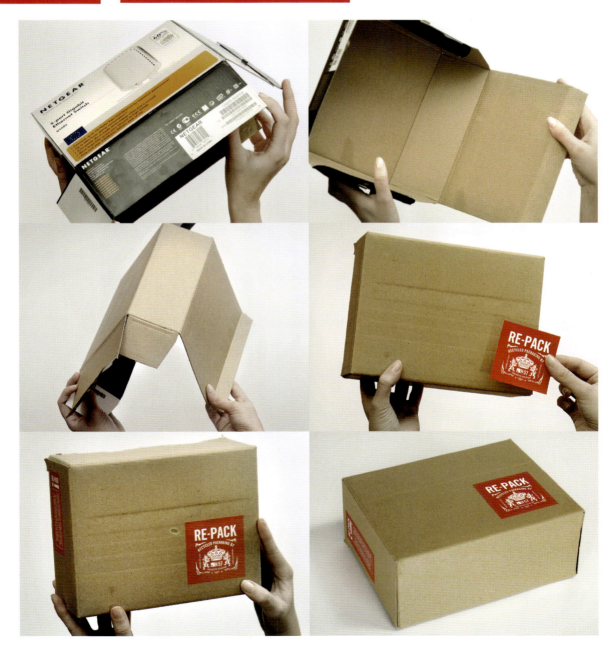

EIGHTHIRTY COFFEE ROASTERS
Noah Butcher
Auckland, New Zealand
DESIGNER **Noah Butcher**
www.pomo.co.nz

In an attempt to create 'stand out' in a cluttered market, inspiration came form way outside of the category; medicine bottles and even dry cement packaging were being tossed around. This reference inspired eighthirty™ to have a simple colour palate, while the ephemeral dialogue and typographic treatment allows each pack to be unique. Without bowing to the normal conventions of the 'Fair trade organic' aesthetic, the packaging subverts this norm by being clean and simple, with a little bit of cheekiness for good measure. Reusable Bags are reused if returned, the coffee cups are compostable.

En un intento de destacar en un mercado abarrotado, la inspiración llegó de fuera de la categoría; pensamos en frascos de medicinas e incluso en paquetes de cemento seco. Esta referencia fue lo que nos inspiró para darle a eighthirtyTM una paleta de colores simples, mientras que el diálogo fugaz y el tratamiento tipográfico hacen que todos los paquetes sean únicos. Este embalaje no se somete a las convenciones de la estética del 'Comercio Justo Orgánico', y tiene una apariencia limpia y simple, con un poco de descaro. Las Bolsas Reutilizables se reutilizan si se devuelven, los vasos de café son compostables.

THE FLOUR POT BAKERY
Sara Nicely
San Francisco, CA, United States
DESIGNER **Sara Nicely**
ILLUSTRATOR **Sara Nicely**
www.saranicely.com

The Flour Pot Bakery Pot strives for a healthy diet with high quality, natural ingredients and environmentally friendly practices. This identity system was designed to convey the unique and handmade qualities of the bakery. The hand-drawn type was inspired by the wiry Christmas lights arranged throughout the dining area. I chose to design a menu that could be carried home without hassle. I placed all menu items on a baguette carry-out bag so that customers could carry the menu home easily while simultaneously being able to enjoy a Flour Pot baked good. An alternate menu for lunch is available for guests who dine in.

El Flour Pot Bakery Pot se esfuerza por ofrecer una dieta saludable con ingredientes naturales de calidad y unas prácticas respetuosas con el medio ambiente. Este sistema de identidad fue diseñado para transmitir las cualidades únicas y artesanales de la panadería. El tipo de letra hecho a mano se inspira en las luces de Navidad dispuestas por la zona de comedor. Escogí diseñar una carta que se pudiera llevar a casa sin problemas. Coloqué todos los elementos de la carta en una bolsa de baguette de modo que los clientes pudieran llevarse la carta a casa fácilmente y al mismo tiempo saborear uno de los productos horneados de Flour Pot. Hay una carta alternativa para los clientes que desean quedarse a comer en el local.

US VERSUS THEM X INCIPIO
Savage Diplomacy
California, United States
DESIGNERS **Adrian Luther & Jesus Flores**
www.savagediplomacy.com

Hailing from Southern California, Savage Diplomacy teamed up with clothing brand Us Versus Them to design a package for their first iPhone accessory collaboration with Incipio. Wanting to be consistent with the brand, Savage Diplomacy took the screen printing approach on chip board. You can catch the halftone image through the package, for example, the lining of the sleeve, outside of the tray and the inside the tray where the iPhone case(s) are placed.

Savage Diplomacy, de California del Sur, se juntó con la marca de ropa Us Versus Them para diseñar un embalaje para su primera colaboración en un accesorio para iPhone con Incipio. Puesto que quería ser consistente con la marca, aplicó la técnica de la serigrafía sobre cartón gris. Se puede ver la imagen de medio tono en todo el embalaje, como por ejemplo en el recubrimiento de la funda, en la parte de fuera bandeja y en el interior de la bandeja donde se colocan las carcasas del iPhone.

CD/DVD PACKAGE
NA
Canada
DESIGNER **Oussama Mezher**
www.omezher.com

Although CD and DVD formats will certainly be replaced in the near future, I worked on a classification system that reduces the handling of plastic cases and complex envelopes and gathers all disks in standard size DVD boxes. The material used is made of simple recycled Kraft chipboard, no glue and printed in one color. The design allows generous space for the identification and description of content.

Aunque los formatos de CD y DVD serán remplazados en el futuro próximo, trabajé en un sistema de clasificación que reduce la manipulación de cajas de plástico y sobres complejos y reúne todos los discos en unas cajas de DVD de medida estándar. El material utilizado está hecho de cartón kraft reciclado, sin pegamento e impreso en un color. El diseño ofrece un espacio generoso para la identificación y la descripción del contenido.

SOCIETY27:
SNEAKER/SHOE MODEL NO.1
Archabits
DESIGNER IDEA **Dimitar Inchev**
IDENTITY **Pavel Pavlov**
www.zka11.com
ILLUSTRATION AND MOTION **Dimo Trifonov**
www.d-it.com
PACKAGING DESIGN **Archabits: Anastas Marchav & Bistra Popova**
www.archabits.com

www.Society27.com

In coming up with the packaging we wanted to stick to some principles: Classical materials, craftsmanship, exposure of the logo and customer curiosity. As cardboard is the common material for shoe boxes it was too trivial for our idea, so we chose birch plywood. This is a classical material, very popular in last century furniture design. So we decided to get that romantic look back at plywood and use it in non traditional way for a traditional product - the shoe box. The box is manufactured in a small wood-workshop as it is very important to us that there is no waste and the work process can be looked after a master craftsman. After every project a tree is planted to compensate the used materials. Intentionally the box was created with no lid. The idea is when the customer receives the package to have few second to play with it, figuring out how to open the box. The logo cut on the top shows the product inside, symbolizing that this is not just a logo, but there is a product behind it , which outlines the logo from inside the box.Also another add-on to the plywood box is that i can be kept as furniture and used in many ways, not trashed out as most of the packages we use in our everyday activities! Also the box is very customer-attractive add-on as window display in shops.

Al diseñar el packaging queríamos ceñirnos a ciertos principios: materiales clásicos, artesanía, exposición del logotipo y la curiosidad del cliente. Puesto que el cartón es el material más común para las cajas de zapatos, era demasiado trivial para nuestra idea, así que decidimos utilizar madera contrachapada de abedul. Es un material clásico, muy popular en el diseño de muebles del último siglo. Así que decidimos recuperar esa apariencia romántica del abedul y utilizarlo de un modo no tradicional para desarrollar un producto tradicional: la caja de zapatos. La caja se fabrica en una pequeña ebanistería, ya que para nosotros es muy importante que no haya desechos y que el proceso de trabajo sea controlado por un maestro artesano. Después de cada proyecto, se planta un árbol para compensar los materiales utilizados.

La caja se creó de forma intencionada sin tapa. La idea es que cuando el cliente reciba el paquete tenga unos segundos para jugar con él e intentar descubrir cómo abrir la caja. El logotipo recortado en la parte de arriba muestra el producto en el interior, y simboliza que no se trata únicamente de un logotipo, sino que hay un producto detrás de él, que perfila el logotipo desde el interior de la caja. Otra ventaja de la caja de abedul es que se puede guardar como mueble y utilizarse de distintos modos, en vez de tirarlo como la mayoría de embalajes que usamos en nuestras actividades cotidianas. Además, la caja es muy atractiva para los clientes en el escaparate de las tiendas.

THE EBAY BOX
Office
San Francisco, CA, USA
CREATIVE DIRECTOR **Jason Schulte, Jill Robertson**
DESIGN DIRECTOR **Rob Alexander**
DESIGNERS **Rob Alexander, Richard Perez**
WRITERS **Lisa Pemrick, Jill Robertson**
www.visitoffice.com

Office developed a new set of boxes for eBay, as part of a pilot program to make shipping a little greener. The company gave away 100,000 shipping boxes to eBay sellers, and is encouraging re-use. According to eBay, if each box gets used five times, the program could protect nearly 4,000 trees, save 2.4 million gallons of water, and conserve enough electricity to power 49 homes for a year. Friendly illustrations and copy emphasize potential benefits to the planet, and include tips for greener packing. A happy little bird asks, "Where to next?" -- and to track each box's journey, there's space to write a note so the next person to receive it can see just how far it's come. Each eBay Box is made with 100 percent recycled content, printed with water-based inks, and designed to require minimal tape. And once it reaches the end of its useful shipping life, it's fully recyclable. From the box's fine print: "Don't worry, it will come back as something nice, like a birthday card or movie theater popcorn bag."

Office creó un nuevo conjunto de cajas para eBay, como parte de un programa piloto para que los envíos fueran un poco más verdes. La compañía dio 100.000 cajas de envío a vendedores de eBay, y está promoviendo su reutilización. Según eBay, si cada caja se utiliza cinco veces, el programa podría proteger a casi 4.000 árboles, ahorrar 2,4 millones de galones de agua y suficiente electricidad para proveer 49 hogares durante un año. Unas ilustraciones y textos simpáticos ponen de relieve los beneficios potenciales para el planeta e incluyen consejos para un embalaje más verde. Un pajarito feliz pregunta: "Y, ¿ahora dónde vamos?". Para hacer un seguimiento del recorrido de la caja, hay espacio para escribir una nota, de modo que la siguiente persona que lo reciba pueda ver el gran recorrido que ha hecho hasta allí. Todas las cajas de eBay están hechas con materiales 100% reciclados, impresas con tintas al agua y diseñadas para requerir la mínima cinta adhesiva. Cuando llega al final de su vida útil, es totalmente reciclable. Como dice la letra pequeña de la caja: "No te preocupes, volverá como algo bonito, como una tarjeta de cumpleaños o una bolsa de palomitas del cine."

ORGANICANN
Branditecture
San Francisco, USA
DESIGNER **Glenn Martinez**
www.branditecture.com

The OrganiCann packaging is the first home biodegradable medical cannabis packaging in the world. It uses cellulose-based films derived from renewable resources and is certified to meet the European EN 13432 and American ASTM D6400 standards for compostable packaging. It is also designed to store the product throughout its use. In this way it is ecological and biodegradable, thus sustainable. It provides a strong moisture, smell and microbe barrier to protect the medicine inside. But will biodegrade quickly in basic home compost. It does not require the high heat and pressure used to treat commercially "biodegradable" packages. In fact, if it will even biodegrade in wastewater streams, so even if it is dropped in street, it will return safely to the earth.

El packaging OrganiCann es el primer packaging biodegradable de cannabis médico para el hogar. Utiliza películas de celulosa derivadas de fuentes renovables y cumple con la norma europea EN 13432 y la americana ASTM D6400 relativas al embalaje compostable. También está diseñada para guardar el producto durante su uso. De este modo es ecológico y biodegradable, y por lo tanto, sostenible. Proporciona una fuerte barrera contra la humedad, los olores y los microbios para proteger la medicina del interior. Aún así, se biodegrada rápidamente en compost básico. No requiere las temperaturas ni la presión elevadas normalmente utilizadas para tratar los embalajes "biodegradables" comerciales. De hecho, se biodegrada incluso en corrientes de aguas residuales, de modo que si cae en la calle, volverá de modo seguro a la tierra.

SILVER SPOON
The Directors Bureau Special Projects
Los Angeles, CA, USA
DESIGNERS **Duffy Culligan,
Marcus Herring**
www.tdbspecialprojects.com

Did you know silver is naturally anti-microbial? Well it is, so we infused a proprietary silver ion into a new line of modern and colorful baby utensils in order to create Silver Spoon TM. We want to make absolutely sure your baby gets fed germ-free and in style - without the use of nasty germicidal chemicals. The packaging is made from post-consumer PET, and uses soy based inks for decoration. TDB Special Projects, conceived, designed, named and even helped source this revolutionary new baby product for a major international client. It will be launching in Spring 2012.

¿Sabías que la plata es un antimicrobiano natural? Pues lo es, así que infundimos un ion de plata en una colección de modernos y coloridos utensilios para bebés para crear Silver Spoon TM. Queremos asegurarnos de que tu bebé se alimenta sin gérmenes y con estilo, sin necesidad de utilizar fuertes productos químicos germicidas. El packaging está hecho de PET reciclado, y utiliza tintas de soja para la decoración. TDB Special Projects, concibió, diseñó, nombró e incluso ayudó a buscar a los proveedores para este nuevo y revolucionario producto para bebés para un importante cliente internacional. Se lanzará en Primavera 2012.

TYPUGLIA / GOURMET DESIGNER
Puglia, Italia
DESIGNER **Leonardo Di Renzo**
ILLUSTRATOR **Ettore Lorusso**
PHOTOGRAPHY **Antonio & Roberto Tartaglione**
www.typuglia.it

TYPUGLIA is a brand conceived to "nourish" the eyes and palate of gourmet designers. TYPUGLIA researches, creates, and promotes the typicality of a generous and unique land: Apulia/Italy. TYPUGLIA promotes the antique art of typography. TYPUGLIA is an incubator of ideas at the service of choice products handmade in italy. TYPUGLIA is a line of gastronomic and non-gastronomic products, intended for "gourmet designers". TYPUGLIA is distributed only and exclusively in circuits devoted to the culture of quality design and gastronomy. Hence bookshops inside art galleries and out, bistros, wine stores, creative gastronomy shops. Preferably places not particularly dedicated to food. Clear the table and wipe your hands thoroughly on your apron. There is an ancient art for you to rediscover, combinations to balance calmly and wisely, to innovate tradition and satisfy your sight. Because a "gourmet designer" knows how to savour letters and read flavours.

TYPUGLIA es una marca concebida para "alimentar" la vista y el paladar de diseñadores gourmet. TYPUGLIA investiga, crea y promociona los productos típicos de una tierra generosa y única: Apulia/Italia. TYPUGLIA promueve el arte antiguo de la tipografía. TYPUGLIA es una incubadora de ideas al servicio de productos seleccionados fabricados artesanalmente en Italia. TYPUGLIA es una línea de productos gastronómicos y no gastronómicos, dirigidos a "diseñadores gourmet". TYPUGLIA se distribuye única y exclusivamente en circuitos dedicados a la cultura del diseño y la gastronomía de calidad, como en librerías dentro de galerías de arte y fuera de ellas, bistros, tiendas de vinos, tiendas de gastronomía creativa. Preferiblemente, en lugares que no estén dedicados particularmente a la comida. Recoger la mesa y limpiarte las manos en el delantal. Hay un arte antiguo esperando a que lo descubras, combinaciones para equilibrar de forma tranquila y sabia, para innovar la tradición y satisfacer tu vista. Porque un "diseñador gourmet" sabe cómo saborear las letras y leer los sabores.

PROPER BBQ
Thomas Hayes
Camberley, England
DESIGNER **Thomas Hayes**
www.tom-hayes.co.uk

Proper BBQ, enabling fine gentlemen to get messy. The range of products are essentials for the BBQ mad gentleman or the lavish messy hungry man, they were designed with a big bold punchy flavor in mind. Each product allows the user to get crazy and splash some charisma into their food, allowing each item to be generously applied.

Proper BBQ, para que los hombres elegantes puedan ensuciarse. La gama de productos, que consiste en productos básicos para los hombres apasionados por las barbacoas o los hombres hambrientos a quien les gusta ensuciarse, se diseñaron buscando un sabor atrevido y con garra. Todos los productos permiten que el usuario se deje ir y esparza su carisma en la comida, ya que puede aplicar los productos generosamente.

DEDE DEXTROUSDESIGN
OWN PRODUCTION
DEDE DextrousDesign
Athens, Greece
DESIGNER **Foant Asour, Aliki Rovithi**
www.dede.gr

Where did all the hangers go..? They're never enough and there isn't one around when you need it! Well, that's about to change! The "get the hang of it" bag is made of recycled/recyclable paper and cardboard. The "get the hang of it" bag has two no ordinary handles. They are actually two detachable cardboard hangers. The user can hang up his newly purchased clothes at once! This bag gives the opportunity to retail stores to "go green" and remain at the forefront of the fashion world. It also urges consumers that concern themselves with the state of the environment, to avoid the use of plastic bags and hangers. The "get the hang of it" bag is made of recycled/recyclable paper and cardboard. The cardboard hangers are the same size as the plastic ones and they are reusables.

¿Dónde han ido a parar todas las perchas? Nunca tenemos suficientes, y nunca encuentras ninguna cerca cuando la buscas. Pues esto está a punto de cambiar. La bolsa "get the hang of it" está hecha de papel reciclado/reciclable y cartón. La bolsa "get the hang of it" tiene dos asas fuera de lo común. En realidad son dos perchas de cartón extraíbles. El usuario puede colgar la ropa que se acaba de comprar al llegar a casa. Esta bolsa ayuda a que las tiendas puedan volverse "verdes" y permanecer al frente del mundo de la moda. También anima a los consumidores preocupados por el medio ambiente a evitar el uso de bolsas y perchas de plástico. La bolsa "get the hang of it" está hecha de papel reciclado/reciclable y cartón. Las perchas de cartón son del mismo tamaño que las de plástico y además son reutilizables.

TOPPAW
Benjamin Yi
Pasadena, California, USA
DESIGNER **Benjamin Yi**
PHOTOGRAPHY **Daniel Yoon**
www.benjaminyi.com

TopPaw re-thinks the identity of PetSmart™ by introducing a new portable dog food packaging. The focus of this packaging is to create a manageable dog food experience for those who travel with their dog. To raise brand identity of Top Paw, this package is the perfect size to be given away as a gift to new adopters at animal shelters. Top Paw package provides a limited supply of food and a food bowl, a dual packaging. The material used in this packaging is a clay-coated boxboard, which is made from recycled corrugated boxes. However, dry dog food has a greasy layer. To prevent the packaging from being damaged, the interior of the box is lined with a polyethylene coating found on milk cartons. This box could be reused for another occasion.

TopPaw replantea la identidad de PetSmart™ al introducir un nuevo envase de comida para perro portátil. La idea principal de este envase es facilitar el momento de dar de comer al perro cuando se está de viaje con la mascota. Para crear la identidad de marca de Top Paw, este envase tiene el tamaño ideal para darlo como regalo a las personas que adoptan animales en las protectoras de animales. El paquete Top Paw proporciona un suministro limitado de comida y un bol, en un envase doble. El material utilizado es cartulina recubierta de arcilla, hecha a partir de cajas de cartón corrugado recicladas. Pero la comida de perro seca tiene una capa grasienta y para evitar que el envase se estropee, el interior de la caja tiene un recubrimiento de polietileno como el que se encuentra en los envases de leche. Esta caja se puede reutilizar en otra ocasión.

SPONGES
Chris Trivizas
Athens, Greece
DESIGNER **Chris Trivizas**
PHOTOGRAPHY **Michalis Gloutinas**
www.christrivizas.gr

Three types of packaging for sponges: "Alga Fresh" with raw seaweed seeds, "Daisy Soft" in the shape of a daisy and "Baby Splash" especially for sensitive baby skin. The sponges expand when they come in contact with water and revert back to their usual size when dried. Eco-friendly (bio-degradable).

Tres tipos de packaging para esponjas: "Alga Fresh" con semillas de algas, "Daisy Soft" en forma de margarita y "Baby Splash" especialmente diseñada para la piel sensible del bebé. Las esponjas se expanden cuando entran en contacto con el agua y vuelven a su tamaño original cuando se secan. Respetuosas con el medio ambiente (biodegradables).

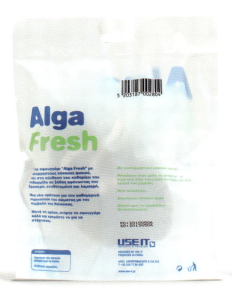

48

OMEGA GI
Tran Huynh
San Francisco, USA
DESIGNER **Tran Huynh**
www.tranhuynh.com

To create a line of skin care products for an existing brand that is far removed from the world of cosmetics. Omega's watch is the first and only watch that has ever been to the Moon. Thus, I chose Earth's only natural satellite to be my main inspiration. The design is influenced by the magnificent scene of earthrise seen from the Moon. The project's celestial palette was reduced to 3 main colors —matte black, matte white, and pearlescent white. I wanted the typography to look sophisticated and effortlessly beautiful to exhibit the luxury and timelessness of the brand, yet remain very modern and stylish to accommodate the young demographics.

Había que crear una línea de productos para el cuidado de la piel para una marca existente muy alejada del mundo de la cosmética. El reloj Omega es el primer y el único reloj que ha estado en la Luna. Por este motivo escogí el único satélite natural como inspiración. El diseño está influenciado por la magnífica escena del relieve de la tierra vista desde la Luna. La paleta celestial del proyecto se redujo a 3 colores principales: negro mate, blanco mate y blanco perlado. Quería que la tipografía tuviera una apariencia sofisticada y hermosa para reflejar el lujo y la atemporalidad de la marca, y al mismo tiempo, conservar la apariencia moderna y estilosa para atraer a los grupo más jóvenes.

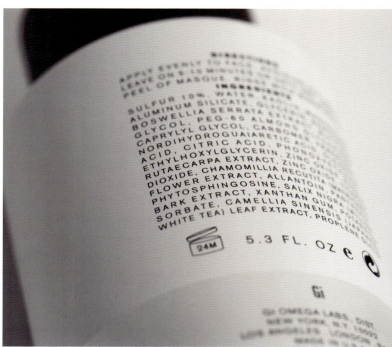

FRUITA BLANCH
Atipus
Barcelona, Spain
DESIGNER **Atipus**
www.atipus.com

Fruita Blanch is a family business with a long-standing history in agriculture. For generations the family has cultivated fruit to produce their own jams, marmalades, preserves and natural fruit juices. "Fruita Blanch", the latest line, is designed to market these traditional preserves, made from 100% natural, home grown fruits and crops, low in sugar and without artificial colouring or preservatives. Using a combination of traditional methods the company's brand products are specially produced to supply gourmet shops with high quality traditional products. Due to the wide variety of products, the corresponding labels represent a versatile system of different sized labels, adapted to fit all jars, manually labelled, bearing the "en casa" or home-made signature. The labelling system is designed to reflect the traditional essence of products and information on ingredients, leaving as much of the content visible as possible.

Fruita Blanch es una empresa familiar con una larga tradición agraria. Generación tras generación se dedicaron al cultivo de fruta dulce, produciendo sus propias mermeladas, conservas y zumos artesanales. La nueva línea de productos "Fruita Blanch" nace con el espíritu de dar a conocer estas conservas caseras, elaboradas con fruta y productos de cosecha propia, 100% naturales, bajos en azúcares y libres de colorantes y conservantes. La marca trata de plasmar la fusión de lo tradicional y lo artesano con la confianza de las cosas bien hechas, productos artesanales para tiendas gourmet. Debido a la cantidad de variedades que se producen, la línea de etiquetas se compone de un sistema versátil de diferentes medidas adaptadas a todos los envases, que se imprimen "en casa" y se etiquetan manualmente. Se intenta transmitir el valor artesanal del producto, enfatizando los ingredientes en etiqueta y dejando ver al máximo su contenido.

360 PAPER WATER BOTTLE
Brandimage
Chicago, USA
DESIGNER **Jim Warner**
www.brand-image.com

The paper water bottle is an environmentally-friendly solution to the problem of plastic water bottles today. Each day, Americans throw out 60 million plastic bottles. Only 14% actually get recycled— meaning 86% become garbage or litter. We looked at this as a radical problem requiring an equally radical solution. The 360 Paper Bottle is a sustainable vision of the future. It is the first totally recyclable paper container made from 100% renewable resources. Versatile in its range of consumer applications and made from food-safe and fully recyclable materials, it decreases energy consumed throughout the product life cycle without sacrificing functionality.

La botella de agua de papel es una solución respetuosa con el medio ambiente al problema actual de las botellas de agua de plástico. Cada día, los americanos tiran 60 millones de botellas de plástico. De éstas, sólo el 14% se recicla, lo cual significa que el 86% se convierte en basura. Abordamos este tema como un problema radical que requiere una solución radical. La botella 360 Paper Bottle es una visión sostenible del futuro. Es el primer contenedor de papel totalmente reciclable fabricado a partir de fuentes 100% renovables. Es muy versátil en cuanto a las aplicaciones que le puede dar el consumidor y está hecho de materiales aptos para la alimentación y totalmente reciclables. Además,, reduce la energía consumida a lo largo del ciclo de vida del producto sin sacrificar la funcionalidad.

OUTÒCTON
Lluís Serra Pla
Borrassà, l'Empordà, Spain
www.elhombredelalata.com

This rare breed of hen from the Catalonian region of Empordà is gradually disappearing almost to the point of extinction. Lean and wary with a distinct partridge-like plumage, the bird lays peculiar reddish spotted eggs. Based on tradition and respect for the environment, this project is as much down to personal as commercial initiative; retrieving a printing system previously used for in-house printing, almost completely rejected in today's commercial world but for many years the key to merchandising home-produced products. The result is a modest form of packaging, devoid of any superficial elements, the image leading the way followed by the influential, clear and descriptive "naming."

La gallina empordanesa aperdizada es una raza autóctona minoritaria que ha ido desapareciendo hasta casi extinguirse. Esbelta y desconfiada y de plumaje muy característico, pone unos peculiares huevos ojizos y piqueados. Este proyecto, que parte de una iniciativa más personal que comercial, se basa en el respeto al medio ambiente y a las tradiciones. De esta forma se recupera un sistema de impresión de estampación casera, ya casi descartado en el mundo comercial actual, pero que fue clave durante muchos años para la venta de productos de autoproducción. El resultado es un embalaje honesto, sin elementos superficiales que hace de sus principios su imagen, y que se apoya en un "naming" contundente, claro y descriptivo.

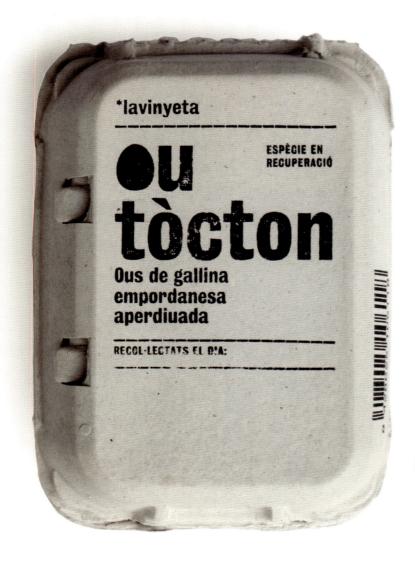

ALMAY BIO ORGANIC
Moag Bailie Design Consultants
Cape Town, South Africa
DESIGNERS **Annie Moag, Callie Raad**
www.moagbailie.com

Almay's Bio Organic skincare is a range with botanical extracts. A healthy alternative for beautiful skin which is 95% eco-friendly and 100% recyclable. Infused with a combination of natural and organically certified ingredients, it was important that the intrinsic of the products be reflected in the design language. With consumers having a greater awareness of skin pollutants and ever-mindful of their carbon footprint, Moag Bailie took great care in developing a brand identity that would instantly communicate the wholesomeness and environmentally friendly nature of the range. The result is simple, clean packaging that is 100% recyclable in order to minimise environmental impact, while at the same time reflecting a healthy, natural glow within the organic skincare category. Packaging is 100% recyclable (made of PET plastic), ecological (95% eco friendly skincare) and product contains organically certified ingredients.

La gama de productos para la piel Bio Organic de Almay contiene extractos botánicos. Una alternativa saludable para una piel hermosa que es respetuosa con el medio ambiente en un 95% y 100% reciclable. Infundida con una combinación de ingredientes naturales y orgánicos certificados, era importante que los valores intrínsecos del producto se reflejaran en el lenguaje del diseño. Puesto que los consumidores están más concienciados sobre los contaminantes de la piel y son más responsables de su huella de carbón, Moag Bailie se esforzó por desarrollar una identidad de marca que comunicara instantáneamente la integridad y la naturaleza ecológica de la gama. El resultado es un envase simple y limpio que es 100% reciclable para minimizar el impacto en el medio ambiente, y al mismo tiempo refleja un brillo natural y saludable en la categoría de productos orgánicos para el cuidado de la piel. El envase es 100% reciclable (hecho de plástico PET), ecológico (cuidado para piel ecológico en el 95%) y el producto contiene ingredientes orgánicos certificados.

JURLIQUE
Landini Associates
Sydney, Australia
CREATIVE DIRECTOR **Mark Landini**
DESIGNER **Clayton Andrews**
FINISHED ARTIST **Steve Darsow**
PHOTOGRAPER **Adrian Lander**
www.landiniassociates.com

Better express the Jurlique story of biodynamic beauty and energy. Align it with the new retail concept – bringing the beauty of the farm to the customer. Broaden the brand's appeal to a much wider target audience of all consumers interested in premium natural skincare (a growth market). Enable the international expansion of the brand with a much stronger and more appealing packaging concept.

Teníamos que expresar mejor la historia de belleza y energía biodinámica de Jurlique. Alinearla con el nuevo concepto de tienda, acercando la belleza de la granja al cliente. Extender el atractivo de la marca a un público objetivo más amplio, a todos los consumidores interesados en el cuidado de la piel natural de calidad (un mercado en crecimiento). Permitir la expansión internacional de la marca con un concepto de packaging más fuerte y atractivo.

ALTON BROWN
Hampus Jageland
Sydney, Australia
DESIGNER **Hampus Jageland**
www.hampusjageland.com

Alton Brown is a spice range for blind and visually impaired people. The range also includes olive oil and balsamic vinegar. Together with liquids a special spoon is provided which makes it easier to poor and to measure them, it's the measure of a table spoon. The text is placed on the exact same place on all the products and all the braille is embossed. The logo is communicating the exact same thing for blind as for non blinds since a is one dot and b is two. Environment friendly plastic for the tubes (PLA) and recycled stocks for the bags.

Alton Brown es una gama de especies para invidentes y personas discapacitadas visualmente. La gama también incluye aceite de oliva y vinagre balsámico. Junto con los líquidos, también se suministra una cuchara especial que facilita el vertido y la medición, ya que tiene la medida de una cuchara sopera. El texto está colocado exactamente en el mismo lugar en todos los productos y todo el Braille está texturizado. El logotipo comunica exactamente lo mismo para invidentes como para no invidentes, puesto que la letra "a" es un punto, y la letra "b" dos puntos. Plástico respetuoso con el medio ambiente para los tubos (PLA) y existencias recicladas para las bolsas.

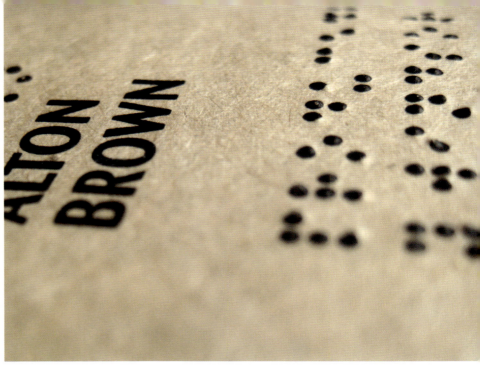

EAT! EKOAFFÄREN
Bedow
Stockholm, Sweden
DESIGNER **Perniclas Bedow**
ILLUSTRATOR **Axel Hugmark**
www.bedow.se

Eat! Ekoaffären is Swedens largest organic grocery store. The brief was to create an identity for the store. The target group was young conscious consumers and while most grocery stores focus on 'low prices' or 'good quality' we wanted to go another way. We think young conscious consumers see through the traditional store communication and instead our main focus was to inspire. Everything in the store is organic and you can eat it in good conscience, we encourage that by saying 'Eat!'. That is how we ended up with the name and one way to visualize 'eat' is the mouth. The mouth appears in the symbol as well as in wall paintings, bags, aprons, and so on.

Eat! Ekoaffären es la tienda de alimentación orgánica más grande de Suecia. El encargo consistía en crear una identidad para la tienda. El grupo objetivo eran los consumidores jóvenes concienciados. Mientras la mayoría de tiendas de alimentación se centran en los "precios bajos" o en la "buena calidad", nosotros queríamos ir hacia otro lado. Creemos que los consumidores jóvenes concienciados pueden ver a través de la comunicación tradicional y nos centramos en inspirar. Todo lo que hay en la tienda es orgánico y puedes comértelo con buena conciencia, por eso animamos al cliente diciéndole: 'Eat!' (come). Así es como se nos ocurrió el nombre, y una manera de visualizarlo es por medio de una boca. La boca aparece en el símbolo, así como en cuadros colgados en las paredes, bolsas, delantales, etc.

DIZAO ORGANICS
Depot WPF
Moscow, Russia
ART DIRECTOR **Alexey Fadeev**
DESIGNERS **Lyudmila Galchenko, Aram Mirzoyants**
www.depotwpf.ru

We have developed a system of comprehensible symbols that shows the impact of the product. And the eco-friendly packaging is one of these symbols. Initially, the packaging was plastic. When the manufacturer decided to switch to paper packaging, Depot WPF offered to replace it with straw grid. The production of straw packaging is less harmful for the environment than manufacturing of paper, cardboard or plastic packaging. Introducing the new packaging, we have managed not only to make it eco-friendly, but also to increase the power & potence of the brand. The package now better fits the product image and identity USDA Organic.

Hemos desarrollado un sistema de símbolos comprensibles que muestran el impacto del producto. El envase ecológico es uno de estos símbolos. Inicialmente, el envase era de plástico. Cuando el fabricante decidió pasar a un envase de papel, Depot WPF ofreció reemplazarlo con una rejilla de pajillas. La producción de envases de pajillas es menos dañina para el entorno que la fabricación de envases de papel, cartón o plástico. Al introducir el nuevo envase, hemos logrado no solo hacerlo respetuoso con el medio ambiente, sino también aumentar la fuerza y la potencia de la marca. Ahora el envase se ajusta mejor a la imagen del producto y la identidad de USDA Organic.

SPACK SOUND PACKAGING
GrupoVibra SpA
Santiago de Chile, Chile
PRODUCT DESIGN
Benedicto López, Chile
Enrique Arenas, Chile
Mauricio Matus, Chile
ILUSTRATION MATACHO MODEL
Matacho Descorp, Colombia
ILUSTRATION CABROCHICO MODEL
Pamela Vera, Chile
ILUSTRATION ENMASCARADO MODEL
Francisco Vargas, Chile
ILUSTRATION VECTATORY MODEL
Daniel Osses, Chile
PHOTOGRAPHY **Leonardo Díaz**
COLLABORATORS **Manuel Chacón, Lovit store, Chile**
www.grupovibra.com

SPACK is the first portable active loudspeaker completely developed in Chile, is eco-friendly by proposing to extend the lifespan of the cardboard boxes, using biodegradable materials and encouraging local manufactory, is a graphic support capable of radiating sound and energy messages to their environment. In its first limited edition, three Chilean artists and one from Colombia were in charge to dress the cardboard with exclusive Latin American designs for the first family of the world of SPACK sound packaging. Introduction of design studio: GrupoVibra SpA was founded with the intention of capturing in the design of their Audio products the rich culture on this side of the world, high quality and always with social and ecological awareness, proposing that each of us can join the universal act of listening to music with art and feeling of the artist in the original sound piece.

SPACK es el primer altavoz activo portátil desarrollado completamente en Chile, es respetuoso con el medio ambiente porque propone ampliar la vida útil de las cajas de cartón utilizando materiales biodegradables y promoviendo la fabricación local. Es un soporte gráfico capaz de irradiar mensajes de sonido y energía a su entorno. En su primera edición limitada, tres artistas chilenos y uno colombiano se encargaron de decorar el cartón con exclusivos diseños latinoamericanos para la primera familia del mundo de packaging de sonido SPACK. Presentación del estudio de diseño: GrupoVibra SpA se fundó con la intención de captar en el diseño de sus productos de audio la rica cultura que existe en su lado del mundo, de gran calidad y siempre con consciencia social y ecológica, que propone que cada uno de nosotros puede unirse al acto universal de escuchar música con el arte y el sentimiento del artista en la pieza original.

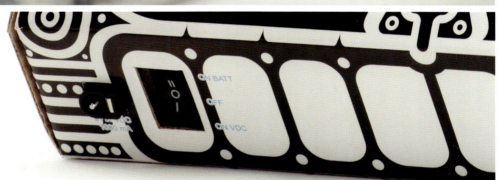

INDULGE
UXUS
Amsterdam, The Netherlands
DESIGNER **UXUS**
PHOTOGRAPHER **Dim Balsem**
ILLUSTRATOR **Yonghee Kim**
www.uxus.com

The brief was to create an innovative packaging concept and website that targets specific lifestyles. The design's concept focuses on the practicality and accessibility of its specific target group's lifestyle: the Fashionista, the Active outdoors-person, the Retro-lover, and the Leisurely. Packaged in a lightweight Astrapouch and featuring bold illustrations, Indulge wines marry lifestyle with conscious packaging. Ideal for BBQs, picnics, the beach, parks, and outdoor theatres. An innovative handle integrated in the package allows easy transportation and the spigot on the bottom of the pouch easily controls the flow of wine. Each Astrapouch is equal to two 750ml wine bottles yet is accountable for only 2% of the weight of the traditional glass bottle. It is a durable, convenient and eco-friendly package that saves energy, weighs less, and is cost efficient.

El encargo consistía en crear un concepto de packaging y web innovadores que se dirija a estilos de vida específicos. El concepto del diseño se centra en la practicalidad y la accesibilidad del estilo de vida del grupo objetivo específico: el Fashionista, la persona activa deportista, el amante de lo retro y el informal. Envasados en un Astrapouch ligero y con unas ilustraciones llamativas, los vinos Indulge unen el estilo de vida con un envase ecológicamente responsable. Son ideales para barbacoas, picnics, la playa, parques y teatros al aire libre. Un asa innovadora integrada en el envase facilita el transporte y la canilla de la parte inferior de la bolsa controla fácilmente el flujo de vino. Cada Astrapouch equivale a una botella de vino de 750ml y aún así solo representa el 2% del peso de una botella de vidrio tradicional. Es un envase duradero, cómodo y respetuoso con el medio ambiente que ahorra energía, pesa menos y es más rentable.

GRANNY'S SECRET
Peter Gregson Studio
Novi Sad, Serbia
CREATIVE DIRECTOR **Jovan Trkulja**
ART DIRECTION/DESIGN
Marijana Zaric
COPYWRITER **Nikola Skoric**
PHOTOGRAPHER **Igor Ilic**
www.petergregson.com/blog

Completely redesign the Granny's Secret line of traditionally made products from the Serbian food company "FOODLAND". That included both the label and the glass containers. Designer's goal was to create a design that would remind people of home-made food products as made by their grandmas. Glass jars and bottles as well as the label communicate the natural, human and emotional platform of the brand.

Rediseñar completamente la línea Granny's Secret de productos hechos de forma tradicional de la empresa Serbia de alimentación "FOODLAND". Esto incluía tanto la etiqueta como los envases de vidrio. El objetivo del diseñador era crear un diseño que hiciera pensar a la gente en los productos alimenticios artesanos como los que hacía la abuela. Los botes y botellas de vidrio y las etiquetas transmiten la plataforma natural, humana y emocional de la marca.

ZDRAVO ORGANIC
Peter Gregson Studio
Novi Sad, Serbia
CREATIVE DIRECTOR **Jovan Trkulja**
ART DIRECTION/DESIGN
Marijana Zaric, Nemanja Jehlicka
PHOTOGRAPHER **Igor Ilic**
www.petergregson.com/blog

Redesign of 100% natural juices and other organic/bio products from the Serbian company ZdravoOrganic, which manufactures healthy organic food products, included creating the new label and the new shape of glass containers.

Rediseño de zumos 100% naturales y otros productos bio / orgánicos de la empresa Serbia ZdravoOrganic, que fabrica productos alimenticios orgánicos saludables. Incluía también la nueva etiqueta, así como dar una nueva forma a los envases de vidrio.

BLANC LUXURY GASTRONOMY
Neosbrand
Cádiz, Spain
ART DIRECTOR **Fidel Castro**
STRATEGIC PLANNING **Javier Castro**
DESIGNER **Susana Castillo**
www.neosbrand.com

Dining becomes an experience way beyond taste with Blanc gastronomic foods. Innovative, creative, appealing and excellent, all part of the DNA reflected in the latest food packs.

La marca de productos gastronómicos Blanc, ofrece productos destinados a ofrecer una experiencia que va más allá del sabor. Innovación, creatividad, elegancia, excelencia, forman parte del ADN de esta marca que se refleja en el diseño de sus nuevos packs.

GROW YOUR OWN

Adam Paterson & Santi Tonsukha
London, UK
DESIGNERS **Adam Paterson, Santi Tonsukha**
www.adampaterson.com
www.santitonsukha.com

We found that users didn't use all the seeds in a pack at once. The new packaging is easily re-sealable. Insights also suggested that an allotment grower generally doesn't want to grow/eat a large number of crops of the same variety. The new packaging can hold a variety of seeds, separately, in one pack. With previous seed packaging, distributing the seeds evenly from the pack was very hard. By using the corrugated structure the seeds are held in thin rows, which are the perfect structure to allow them to be very easily and controllably shaken out. It can be time consuming and monotonous laying out rows of seeds whilst trying to maintain equal spacing. The new measuring tape style, with which the DIY savvy customer can easily relate, makes it much quicker and easier. The tape, with its embedded seeds, has 10 cm markers on it, making it easy to simply pull out the desired length, tear it off and lay it in the ground.

Nos dimos cuenta de que los usuarios no utilizaban todas las semillas del paquete a la vez. El nuevo envase se puede volver a sellar fácilmente. También se sugirió que un agricultor de huerto pequeño no quiere plantar-comer una gran cantidad de cosechas de la misma variedad. El nuevo envase puede contener semillas de distintas variedades, de forma separada, en un solo paquete. Con el anterior paquete de semillas, era muy difícil distribuir las semillas uniformemente. Al utilizar la estructura corrugada, las semillas están dispuestas en hileras finas, lo cual es la estructura ideal para poder sacarlas fácilmente y de forma controlada mediante ligeras sacudidas. Colocar hileras de semillas intentando mantener un espaciado uniforme puede llevar mucho tiempo y ser muy monótono. El nuevo estilo de cinta métrica, que un cliente experto en bricolaje puede usar fácilmente, hace el trabajo más rápido y fácil. La cinta, con sus semillas incorporadas, tiene marcas cada 10 cm. Es muy fácil usarla: solo hay que desenrollar la longitud deseada, romperla y colocarla en el suelo.

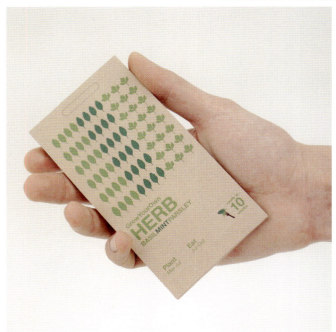

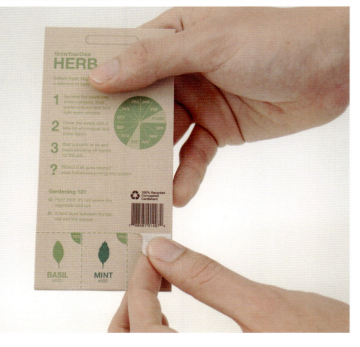

MUG BEER
Ivan Maximov
Moscow, Russia
DESIGNER **Ivan Maximov**
www.behance.net/maximov

Rebranding of the MUG pub and design of take away beer packaging. This is a new concept for take away beer. Beer is filled into paper cups and put into a carrier. A sticker is placed on the lid to identify the brew as well as the date it was filled. The new cup combines the form of the traditional beer pint and usability of recyclable paper cups.

Renovación de la marca del pub MUG y diseño de envase de cerveza para llevar. Este es un nuevo concepto para la cerveza para llevar. La cerveza se pone en vasos de papel y éstos se colocan en un portavasos. Se pone una pegatina en la tapa para identificar la cerveza, así como la fecha en que se llenó. El nuevo vaso combina la forma de una pinta tradicional de cerveza y la usabilidad de los vasos de papel reciclables.

CHOCOLATES MERCAT LA BOQUERIA
Barcelona, Spain
DESIGNERS **Marisol Escorza, Federico Beyer**

In Barcelona's "Mercat de La Boqueria" loose chocolates are personally selected, sold by weight and packed in plastic bags, making the chocolates difficult to carry without an adverse effect on the quality. The majority of shoppers in Mercat de La Boqueria are tourists, spur-of-the-moment purchases and, more often than not, a souvenir. Specially designed packaging now enables customers to personally select between 100g and 200g of chocolates, now contained in a single pack. The package also protects the chocolate, preserving quality and condition. The pack is designed in thin cardboard with a natural wax finish made from honey extraction residue and water colours for easily recyclable materials.

La venta de chocolates a granel en el Mercat de La Boqueria se realiza por peso, por elección personal y es envasada en bolsas plásticas. De esta forma el chocolate es difícil de transportar y pierde sus propiedades. Los usuarios que frecuentan el Mercat de La Boqueria en su mayoría son turistas, por tanto es una compra no planeada y por impulso, mayoritariamente como souvenir. Se diseñó un packaging que fuera adaptable a diferentes volúmenes, ofreciendo así al cliente la posibilidad de empacar desde 100g a 200g de chocolates en un solo pack, y que a su vez protegiera el chocolate, para así mantenerlo en las mejores condiciones. El pack está diseñado en cartulina con un encerado natural proveniente del residuo de la extracción de la miel y tintas a base de agua, lo cual permite la fácil recuperación del material.

SUSTAIN
Treasure
Harrogate, United Kingdom
DESIGNER **Simon Inman**
ILLUSTRATOR **Simon Inman**
COPYWRITER **Chris Miller**
www.treasurestudio.co.uk

"In Indonesia and Malaysia, over thirty square miles of wildlife-rich forest are being felled daily to make way for palm oil plantations. With such a devastating impact on animal habitats, many endangered species such as tigers, orangutans and even lizards are now on the verge of extinction. Our client makes soap bars from 100% RSPO certified sustainable palm oil. They needed packaging that would not only stand out on shelf, but also inform and educate the consumer." "After researching the market, a simple texture based illustration style was developed for three different bars. We created a character for each bar based on animal species in danger of becoming extinct from unsustainable palm oil production. Creative copy gave each animal real personality and also highlighted their plight. It may only be a little bar of soap, but using products that contain unsustainable palm oil has serious consequences for our planet. As the strapline says 'Wash your hands of unsustainable palm oil', you'll not only have clean hands, but also a cleaner conscience."

"En Indonesia y Malasia se talan más de treinta millas cuadradas al día de selva con vida silvestre para dejar paso para las plantaciones de aceite de palma. Esto tiene un efecto devastador en el hábitat de los animales, y muchas especies en peligro como los tigres, los orangutanes e incluso los lagartos están ahora al borde de la extinción. Nuestro cliente hace pastillas de jabón de aceite de palma 100% sostenible certificado por la RSPO. Necesitaban un envase que no solo destacara en el estante, sino que además informara y educara al consumidor." "Después de investigar el mercado, desarrollamos un estilo ilustrativo basado en texturas simples para las tres pastillas distintas. Creamos un personaje para cada pastilla basado en las especies animales en peligro de extinción por culpa de la producción de aceite de palma insostenible. Un texto creativo le da personalidad al personaje y también resalta sus problemas. Tal vez sea una simple pastilla de jabón, pero el uso de productos que contienen aceite de palma insostenible tiene serias consecuencias para nuestro planeta. Tal como dice el eslogan 'Wash your hands of unsustainable palm oil' (Lávate las manos del aceite de palma insostenible), no sólo tendrás las manos limpias, sino también una consciencia más limpia".

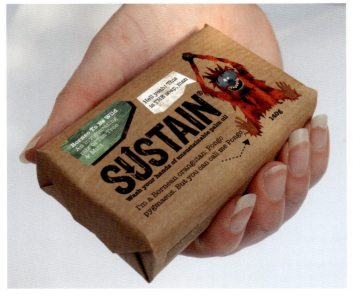

CANDY LIGHT
Vadim Paschenko
Kiev, Ukraine
DESIGNER **Vadim Paschenko**
ILLUSTRATOR **Vadim Paschenko**
PHOTOGRAPHY **Vadim Paschenko**
www.vadimpaschenko.kom

The task was to create a brand name, corporate identity and packaging for the manufacturer of handmade wax candles. The product packaging was designed to look like a pack of confectionery.

Nuestra tarea consistía en crear un nombre comercial, una identidad corporativa y el packaging para un fabricante de velas artesanales. El packaging del producto se diseñó de modo que pareciera un paquete de golosinas.

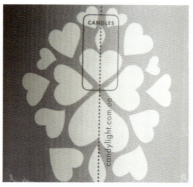

FOLD&SPICE
Barcelona, Spain
INDUSTRIAL DESIGNER
Carolina Caycedo V
GRAPHIC DESIGNER
Denise del Carmen Jacinto
www.coroflot.com/ina
www.denisedelcarmen.carbonmade.com

Single use paper Pack, designed for packaging, transportation and subsequent use for small quantities of loose dry or powdered spices sold in the markets. This pack came about as an alternative to the traditional Polyethylene bag and the adhesive strip used to close the package. Made from, parchment paper (bearing the FSC stamp of approval and REACH, the new European legislation), manufactured exclusively from cellulose, a watertight pack made from a recyclable, organic and biodegradable mono-material. The container is designed to be practical for the vendor and easy to re-fill for the consumer. The sticker used to seal the pack bears the corporate hallmark. Printer inks are water based and adhesives made from natural water soluble starches. Once disposed, the waste disintegrates and therefore easily recycled without causing any contamination.

Pack en papel de uso único, diseñado para facilitar el envase, transporte y posterior uso de cantidades pequeñas de especias secas o en polvo, que se venden a granel en los mercados. Este pack nace como una alternativa a la tradicional bolsa de Polietileno y al uso de cinta adhesiva como cierre. Realizado en Papel Sulfurado, cumple con todas las normativas vigentes (sello FSC y con la nueva reglamentación europea REACH), fabricado exclusivamente de celulosa, ofrece gran estanqueidad al producto, es reciclable, y por ser un monomaterial orgánico, es biodegradable. El diseño formal del pack facilita el uso para el vendedor y presta un buen servicio al consumidor en el momento del rellenar el contenedor casero. El sticker usado para cerrar el pack se destina a la imagen corporativa. Los adhesivos usados son a base de almidones naturales disolubles en agua y las tintas impresas son de base de agua; de esta manera el residuo en la basura se desintegra sin contaminar y facilita el proceso de transformación como material reciclado.

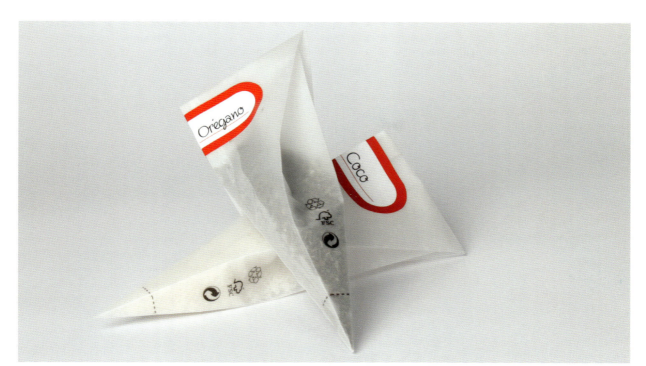

**BOLSA NEWSPAPER
"LA BRASSERIE"**

**Javier Garduño Estudio
de Diseño**
Zamora, España
www.javiergarduno.com

"La Brasserie" is a designer accessory store. The company's curious concept is based on a single shop with a combination of retro and up-to-the-minute fashion accessories. The company felt that bags should be out-of-the-ordinary and certainly not plastic; in keeping with the shop's ideology. The inspiration for the designs came from food store bags in the form of a newspaper featuring a humorous caricature. The sand coloured bags are available in two sizes, made from Kraft paper, ISEGA approved 100% recycled and 100% recyclable.

"La Brasserie" es una tienda de máxima tendencia en complementos de moda. Una imagen corporativa poco usual mezcla cosas del pasado con el presente, como sucede en la misma tienda. Se quiso que las bolsas no fueran algo corriente y sobre todo que no fueran de plástico por el compromiso ideológico de la tienda. Se diseñaron unas bolsas inspiradas en las tiendas de alimentación, en las que se hace una publicación periódica de parodia en tono humorístico. Hay 2 tamaños, realizadas en papel Kraft, color arena con el certificado ISEGA de compostabilidad. 100% reciclado y 100% reciclable.

FEITOÀMÃO
DRIEDFRUITS BOX & BISCUITS
António João Policarpo
Évora, Portugal
DESIGNER **António João Policarpo**
www.policarpodesign.com

We have conceived one original package to split in 2 throught a perforated line. After opening it, you will find inside 3 different dried fruits (sweet+salted) that might be eaten at the same time, enjoying the bittersweet sensation as if it were 2 small bowls of aperitifs. For Biscuits box we want to give to a pure and traditional biscuit's a totally different image, modern and clean but in a same time strong, for that reason we work with a bold colors.

Diseñamos un paquete original que se pudiera partir en dos por medio de una línea perforada. Después de abrirlo, en el interior encuentras 3 frutos secos distintos (dulces+salados) que se pueden comer al mismo tiempo, disfrutando de la sensación agridulce, como si se tratara de dos pequeños boles de aperitivo. Quisimos darle a una galleta pura y tradicional una imagen radicalmente distinta, moderna y limpia pero al mismo tiempo fuerte por medio del packaging, y por eso trabajamos con colores llamativos.

BOXED WATER IS BETTER
Grand Rapids, USA
DESIGNER **In House**
www.boxedwaterisbetter.com

Started with the simple idea of creating a new bottled water brand that is kinder to the environment and gives back a bit - we found that it shouldn't be bottled at all, but instead, boxed. So we looked to the past for inspiration in the century old beverage container and decided to keep things simple, sustainable, and beautiful. About 76% of the Boxed Water container is made from a renewable resource, trees, that when harvested in a responsible, managed, and ethical way serve as an amazing renewable resource that benefits the environment even as it's renewed. We ship our boxes flat to our filler which is significantly more efficient compared to shipping empty plastic or glass bottles to be filled. The flat, unfilled boxes we can fit on 2 pallets, or roughly 5% of a truckload, would require about 5 truckloads for empty plastic or glass bottles.

Todo empezó con la simple idea de crear una nueva marca de agua embotellada que fuera más respetuosa con el medio ambiente y le devolviera algo. Llegamos a la conclusión de que lo mejor era no embotellarla, sino envasarla en cartón. Así pues, buscamos la inspiración en el pasado y decidimos mantener el formato simple, sostenible y bonito. Aproximadamente el 76% del envase de Boxed Water está hecho a partir de una fuente renovable, de árboles cultivados de forma responsable y ética. Son una magnífica fuente renovable que beneficia el medio ambiente, incluso cuando se renueva. Mandamos los envases planos a la planta de llenado, lo cual es mucho más rentable que enviar botellas de plástico o de vidrio vacías. Los envases planos vacíos los podemos poner en 2 pallets, o aproximadamente en el 5% de un camión completo. Harían falta 5 camiones completos para enviar las botellas vacías de plástico o vidrio.

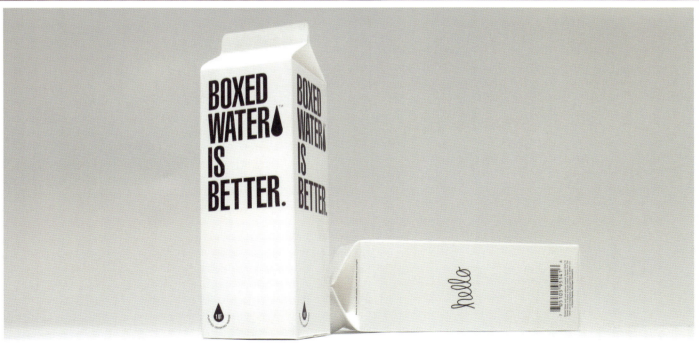

SPRING BOOK
Barfutura
Madrid, España
DESIGNER **Sergio González Kuhn**
www.barfutura.com

Spring Book is a chronicle characterized by a band made from special organic paper containing seeds. The instructions are quite straight-forward, all that's needed is a little bit of earth and, just a few days later, the seeds will be sprouting.

Spring Book se trata de una memoria caracterizada por contar con una faja realizada con un papel orgánico especial que contiene semillas. Sus instrucciones son muy sencillas, tan sólo se necesita un poco de tierra, esperar unos días y de ella brotaran bonitas plantas.

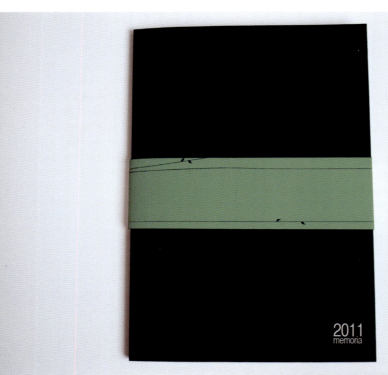

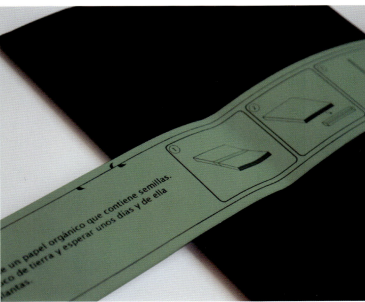

LES ROTISSERIES ST-HUBERT
lg2boutique
Montréal, Canada
DESIGNER **Anne-Marie Clermont, Cindy Goulet**
CREATIVE DIRECTOR **Claude Auchu**
www.lg2boutique.com

Rôtisseries St-Hubert, Québec's most-loved restaurant is going green PLAN and communicate St-Hubert's green initiative through packaging. With over 12 million individual boxes used every year, this change was certainly more than lipservice – and a very visible way to announce this major transformation. The use of voice balloons with playful messages, and an identifiable graphic style, was used to reinforce the relaxed friendliness of both the delivery service and the brand itself. The program "range of delivery packaging" was part of the company's sustainable development initiative. The new packaging components can be recycled after simply being rinsed, because the EPS (expanded polystyrene foam) was eliminated from all the restaurant chain's packaging.

Rôtisseries St-Hubert, el restaurante más querido de Québec, se vuelve verde y hay que comunicar esta iniciativa verde a través del packaging. Con más de 12 millones de cajas individuales utilizadas cada año, este cambio no era hablar de boquilla, era una manera muy visible de anunciar esta importante transformación. El uso de globos de diálogo con mensajes divertidos y un estilo gráfico identificable tienen el objetivo de recalcar la simpatía relajada tanto del servicio de entrega como de la marca. El programa "gama de packaging para llevar" formaba parte de la iniciativa de desarrollo sostenible de la empresa. Los componentes de los nuevos envases se pueden reciclar después de uso enjuagándolos con agua, ya que la EPS (espuma de poliestireno expansible) se ha eliminado totalmente del packaging del restaurante.

ATELIER N°001 OWEN&STORK FOR PORTLAND GENERAL STORE
Owen&Stork
Portland, Oregon, USA
DESIGNER **Nicholas Wilson**
www.owenstork.com

Owen&Stork has partnered up with Mens Grooming company, Portland General Store, for it's first collaboration project. 12 handmade Limited Edition Mens grooming kits were produced in-house, and sent to a very select group of recipients. The Atelier N° series will continue to be a platform for Owen&Stork to collaborate with like minded brands. Each agency initiated project will be offered up at a very limited number of editions, each one bearing the number of which it was made. The kit combines an array of Portland General Store's most popular grooming products, packaged with the Owen&Stork sensibility, and presented in a way which honors the heritage of Mens Grooming.

Owen&Stork se ha asociado con la empresa de productos de aseo personal masculino, Portland General Store, para realizar su primer proyecto de colaboración. Se produjeron 12 kits artesanales de edición limitada de productos de aseo masculino y se enviaron a un grupo selecto de destinatarios. La serie Atelier N° seguirá siendo una plataforma para que Owen&Stork siga colaborando con marcas de mentalidad similar. Cada uno de los proyectos empezados por la agencia se ofrecerá en un número de ediciones muy limitada, y cada uno llevará el número de ejemplares realizados. El kit combina una selección de los productos más populares de Portland General Store, empaquetados con la sensibilidad de Owen&Stork, y presentado de modo que homenajea el legado de los productos de aseo masculino.

X-ACTO
Joy Lin
Pasadena, USA
DESIGNER **Joy Lin**
www.thejoylin.com

The reusable X-ACTO packaging recognizes the user's every need in terms of transport, storage, usage, and disposal. Additionally, the compartmentalized design ensures that all of your precision tools are safely and conveniently accessible. Packaging looks as if it could have actually been cut out with an X-ACTO blade. The material is stacked B-fluted corrugated, die cut and printed using soy-based flexographic inks. The packaging is meant to be portable and reusable.

El packaging reutilizable de X-ACTO reconoce todas las necesidades del usuario en términos de transporte, almacenaje, uso y eliminación. Además, el diseño compartamentalizado garantiza que el acceso a tus herramientas de precisión sean es seguro y cómodo. Parece que el packaging ha sido recortado con una cuchilla X-ACTO. El material es cartón corrugado con ondas B, troquelado e impreso utilizando tintas flexográficas a la soja. El packaging pretende ser portátil y reutilizable.

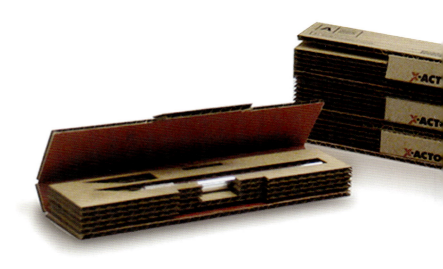

DOSS BLOCKOS
Big Dog Creative
Melbourne, Australia
DESIGNER **Kane Marevich**
CREATIVE DIRECTION **Josh Lefers, Stephen Wools**
PHOTOGRAPHY **Conrad Bizjak**
www.bigdog.com.au

The Doss Blockos packaging needed to capture the brand's essence through the physical packaging, the logo and the artwork that was derived from the story and product concept of the beer. It needed to reflect art, music and culture, capture the rawness of getting by on the bare essentials, and take inspiration from the underground squat community of New York during the 1990's.

El packaging de Doss Blockos tenía que captar la esencia de la marca por medio del envase físico, el logotipo y el diseño gráfico derivado de la historia y el concepto de producto de la cerveza. Tenía que reflejar el arte, la música y la cultura, captar la crudeza de vivir con los mínimos indispensables, e inspirarse en la comunidad de ocupas de Nueva York de los años noventa.

GLOBUS ORGANIC
schneiter meier AG
Zurich, Switzerland
CREATIVE DIRECTION **Andy Schneiter**
GRAPHIC DESIGNER/ILLUSTRATOR
Gisèle Schindler
CONSULTANT **Christine Gasser, Consulting**
www.schneitermeier.ch

schneiter meier developed the packaging design for the Globus Organic line of the Swiss department store. The new strategic range brand, aimed at the growing LOHAS segment, is a successful continuation of the Globus design tradition for this open-minded lifestyle target group: Organic conveys the brand promise of quality, sustainability and enjoyment in the reduced forms of art brut design, creating shelf appeal in a cost-effective, ecological and surprising way.

schneiter meier desarrolló el diseño de packaging para la línea Globus Organic de los grandes almacenes suizos. La nueva marca estratégica, dirigida al creciente segmento LOHAS (consumidor con un estilo de vida sano y sostenible), es una exitosa continuación de la tradición de diseño Globus para este grupo objetivo de mente abierta: Organic transmite la promesa de calidad y sostenibilidad de la marca y de disfrute con las formas reducidas del diseño art brut, y crea impacto visual de un modo rentable, ecológico y sorprendente.

GLOBUS ORGANIC

GLOBUS ORGANIC

AAA TRIPKIT. FAMILY ROADTRIP KIT
Olivia Paden
Pasadena, California, USA
DESIGNER **Olivia Paden**
www.oliviapadendesign.com

An engaging, educational "roadtrip adventure kit" for each child in the car, to help break up a long roadtrip into a series of mini-adventures. At each stop along your route, open a surprise gift, plus use photos and interesting facts to learn about your destination. TRIPKIT, which is targeted at elementary school age children, is playful, analog, modular, and social. The goal is to get the whole family involved in the learning process. The design took visual cues from the unfolding of an old-school map, along with a rounded, kid-friendly graphic presence.

Un kit educativo "de aventuras de viaje" para los niños que van en coche, para ayudar a partir un largo viaje en una serie de mini aventuras. En cada parada, tienes que abrir un regalo sorpresa, y utilizar fotos y datos interesantes para aprender cosas de tu destinación. TRIPKIT, que está destinado a niños de primaria, es divertido, análogo, modular y social. El objetivo es involucrar a toda la familia en el proceso de aprendizaje. El diseño ha cogido elementos visuales del despliegue de un mapa antiguo, junto con una presencia gráfica redondeada y agradable para los niños.

TESCO SUSTAINABLE SOUPS
Chris Cavill
England
DESIGNER **Chris Cavill**
ILLUSTRATOR **Chris Cavill**
www.chriscavill.com

The brief was to re-design and create innovative and sustainable soup packaging for the supermarket chain Tesco. The sub-brand 'Tesco Sustainable' was created to convey the 'green' purpose of the packaging. The packaging is designed to be re-usable as multifunctional storage containers, as when the soup level lowers a variety of messages appear such as "need a sandwich container? Use me!" appears for the consumer to read.

El encargo consistía en rediseñar y crear un packaging innovador y sostenible para sopa para la cadena de supermercados Tesco. La sub-marca 'Tesco Sustainable' se creó para transmitir las intenciones "ecológicas" del packaging. Está diseñado para ser reutilizable como los contenedores multifuncionales, ya que cuando el nivel de la sopa baja aparecen varios mensajes como '"need a sandwich container? Use me!" (¿Necesitas una fiambrera para bocadillos? Utilízame!) para que el consumidor lo lea.

BITE ME
INK FREE CHOCOLATE PACKAGING
Vasily KasSab
Moscow, Russia
ART DIRECTOR/DESIG **Vasily KasSab**
PHOTOGRAPHY **Vasily KasSab**
www.vasilykassab.com

The (BITE ME) brand was developed based on the concept of (healthy life with correct portions). Now we can have a correct portion of chocolate since the new packaging is taking into consideration the percentage of cocoa. The more the percentage of cocoa to milk and other ingredients the bigger the chocolate size and vise versa, the less cocoa the smaller the chocolate becomes. Packaging took into consideration distinguishing colors according to different percentages as well, 70%, 80% and 90% as well as small gift chocolate. Shopping bags were customized to suit the boxes. The technique used is 100% ink free, its a play on the sense of touch, embossing, die cutting and laser engraving was used. Eco friendly paper, polypropylene free, 100% natural pulp. Glue nontoxic, non-solvent, and acid-free.

La marca (BITE ME) se desarrolló sobre la base del concepto de (vida sana con porciones correctas). Ahora podemos tomar una porción adecuada de chocolate, ya que el nuevo packaging tiene en cuenta el porcentaje de cacao. Cuanto mayor es el porcentaje de cacao en comparación con la leche y otros ingredientes, mayor es el tamaño del chocolate y viceversa, cuanto menos cacao menor es el chocolate. El packaging también utiliza distintos colores para los distintos porcentajes, 70%, 80% y 90%, así como un pequeño chocolate de regalo. Las bolsas de la compra también se personalizaron para adaptarlas a las cajas. La técnica utilizada está totalmente exenta de tinta y además juega con la sensación táctil, ya que se utilizó el repujado, el troquelado y el grabado con láser. Papel respetuoso con el medio ambiente, sin polipropileno, de pulpa 100% natural. Pegamento no tóxico, sin disolventes ni ácidos.

EGG BOX
Éva Valicsek
Székesfehérvár, Hungary
DESIGNER **Éva Valicsek**
PHOTOGRAPHY **Nóra Dénes**
www.behance.net/evivalicsek

Material used to produce this product is natural mikrowaved carton and as a complementary material rubber. The rubber function as a shape memory alloy allows to hold eggs regardless of their sizes. The eggs placed into an ellipsoid, cut from the carton. The egg holder is open from the top, but if its turned upside down, it will still hold firmly the eggs, they will not fall because of the elasticity of the rubber. It s easy to be filled up, and as a user friendly product, the consumer can get the egg without having to open it. The egg holder consists of one piece. This egg holder is created not by glueing, but is fixed to the base. It can be stored in piles; if the sides are increased, it can stand lateral forces. From the environmental point of view, it s recyclable, and the production is possible with the least quantity of material and little cut-offs.

El material utilizado para producir este producto es cartón corrugado y como material complementario, la goma. La función de la goma como aleación de memoria de la forma es poder almacenar huevos de distintos tamaños. Los huevos se colocan en un corte elipsoide en el cartón. La huevera está abierta por arriba, pero si se pone del revés sigue sujetando los huevos firmemente, no caen gracias a la elasticidad de la goma. Es muy fácil de llenar y de usar, ya que el consumidor puede sacar los huevos sin necesidad de abrirlo. La huevera está formada por una sola pieza. No tiene pegamento, sino que está fijada a la base. Puede guardarse apilada; si se aumentan los lados, puede soportar fuerzas laterales. Desde el punto de vista ambiental, es reciclable y se fabrica con el mínimo material y los mínimos cortes posibles.

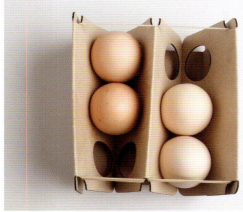 

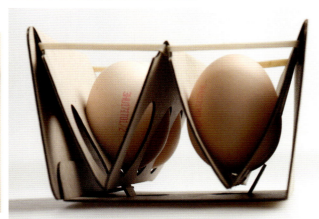

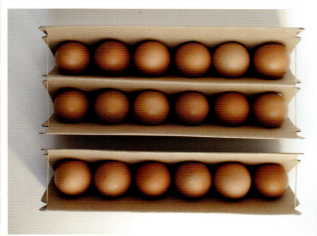

DRESS-UP-BOY
Markus Ölhafen
Graz, Austria
DESIGNER Markus Ölhafen
www.markusoelhafen.at

This is a personal project I realised for my girlfriends birthday. It is a magnetic dress-up puppet, made out of printable magnetic foil and cardboard. As an inspiration I thought back to primary school when we made small cardboard puppets that could be dressed with paper clothes. For the packaging I tried to use materials with a natural feeling to create a handmade-touch.

Se trata de un proyecto personal que realicé para el cumpleaños de mi novia. Es una marioneta magnética que se puede vestir, hecha de una lámina magnética imprimible y cartón. Para inspirarme, recordé mi etapa en la escuela primaria cuando hacíamos pequeñas marionetas de cartón que se podían vestir con ropa de papel. Intenté utilizar materiales de apariencia natural para el packaging para darle un aire de artesanía.

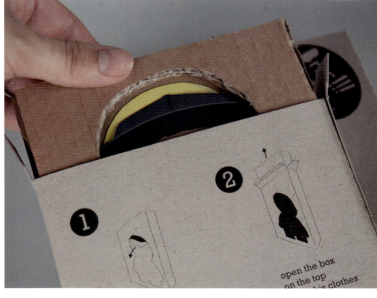

PAULIN'S HARDWARE FASTENERS
Man Wai Wong
Toronto, Canada
DESIGNER **Man Wai Wong**
ILLUSTRATOR **Man Wai Wong**
www.manwai.ca

The package is made from 100% recycled material allowing it to be fully recyclable after its use. Constructed from one piece of paper, the package design takes into consideration transportation and storage. The design also does not use any adhesive to assemble, thereby not releasing or contributing to any harmful chemicals into the atmosphere. The beauty of the container lies in how it fuses together personalization, functionality and reusability, owing to the fact that the boxes can interlock to form a customized storage unit. Each box is also reversible to form a solid-coloured container to reuse for home purposes. Easy to follow instructions are written on the inner flap.

El envase está hecho a partir de material 100% reciclado para que tras su uso sea totalmente reciclable. El diseño del envase, que está construido con un trozo de papel, tiene en cuenta el transporte y el almacenaje. El diseño no utiliza adhesivos para el montaje, con lo cual no libera productos químicos nocivos a la atmósfera. La belleza del envase reside en el modo en que combina personalización, funcionalidad y reusabilidad, gracias al hecho de que las cajas se pueden unir para formar una unidad de almacenaje personalizada. Todas las cajas con reversibles y pueden formar un contenedor de colores sólido que se puede reutilizar para necesidades del hogar. Unas instrucciones fáciles de seguir se han colocado en la solapa interior.

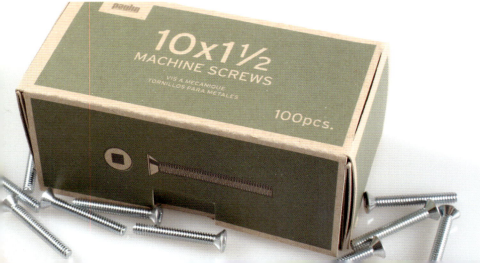

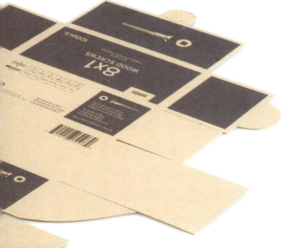
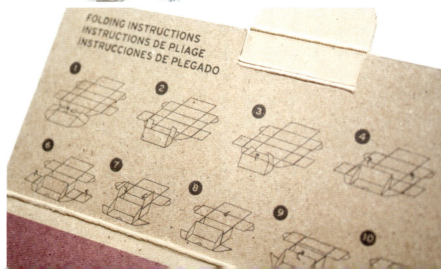

CAVALLUM
Ciclus
Barcelona, Spain
DESIGNER **Tati Guimarães**
www.ciclus.com

The Cavallum wine/cava box also serves as a table lamp. Originally designed as a corporate new-year gift for a Catalonian waste treatment and management company, the company wanted to give customers a bottle of cava accompanied by a sustainable gift indicative of the company slogan: "From waste to resource." The objective was to create an impressive, low cost, gift, promoting the principles of sustainability (reduce, re-use, recycle) and, consequently, those of the company. The result was CAVALLUM, a box for a bottle of wine or cava, the packaging material easily adapted into a simple and elegant lamp, converting the traditional new-year gift into an unusual, contemporary, 100% sustainable product. More than 70% of the packaging material is re-used to create a new product: the Cavallum bottle lamp, "the sustainable-surprise gift."

Cavallum es una caja de cava/vino que se convierte en lámpara. Fue creado originalmente como regalo corporativo de fin de año para una empresa catalana que trabaja con tratamiento de residuos. Esta deseaba regalar a sus clientes una botella de cava acompañado de un obsequio sostenible, además, transmitir a través del regalo el lema de su empresa: "Del residuo al recurso". El objetivo fue crear un regalo impactante, a bajo precio, que fomentara los principios de la sostenibilidad (reducir, reutilizar, reciclar) y, consecuentemente, de la empresa. De ahí nació el CAVALLUM, un embalaje de botella de cava/vino dónde su propia embalaje se convierte en una lámpara simple y elegante, a fin de transformar el típico regalo tradicional de fin de año en un producto contemporáneo, inusitado y 100% sostenible. Más de 70% de su embalaje es reutilizado para hacer un nuevo producto: la lámpara Cavallum, el "regalo-sorpresa-sostenible".

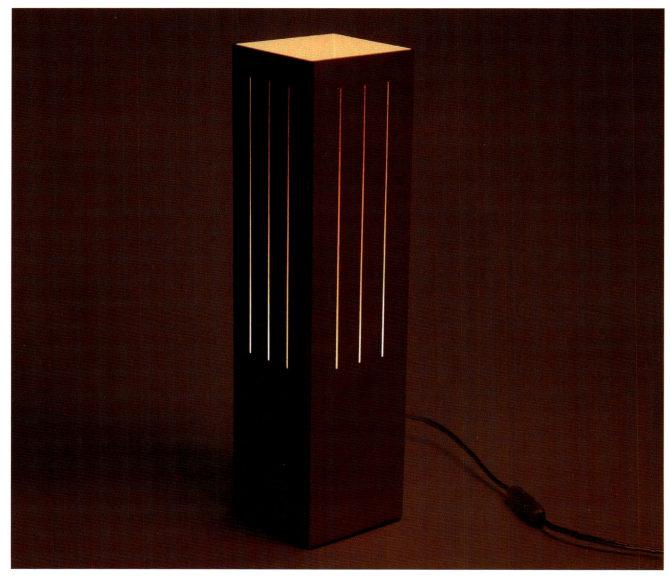

THE DIVINE DAIRY
Agency Frank Aloi
Adelaide, Australia
DESIGNER Frank Aloi
www.frankaloi.com.au

Sourcing local milk from local dairies, this award winning artisan cheese maker that prides itself on quality, wanted a design to capture the rural, traditional and hand crafted methods used to create their 'French Style' product. The colour usage identies each cheese product and helps to establish a powerful and memorable brand in the market place. All cheeses are organic and bio-dynamic.

Este galardonado fabricante de quesos artesanos, que adquiere la leche en las granjas locales y presume de la calidad de sus productos, quería un diseño que reflejara los métodos rurales, tradicionales y artesanos utilizados para crear sus productos de "estilo francés". El uso del color identifica los productos y ayuda a establecer una marca poderosa y memorable en el mercado. Todos los quesos son orgánicos y biodinámicos.

NOO-DEL
Stockholm, Sweden
DESIGNER **Helen Maria Bäckström**
www.helenmariabackstrom.se

"The breif was to make a package with a second life. Noo-Del is a playful and simpel packaging that will stand out on the shelves. The decor of a geisha refers to Asia and asian-food and the decor gets extra playful with the chop-sticks which gives the illusion of being the geishas hairpins. The package is useful in several ways: it is easy to carry with, when adding water you can heat up the noodles in a microwave and eat direct from the the package which has a shape of a take-away-package when opening it."

"El encargo consistía en hacer un envase con una segunda vida. Noo-Del es un packaging divertido y simple que destaca en las estanterías del supermercado. La decoración en forma de geisha hace referencia a Asia y a la comida asiática, y es todavía más divertida gracias a los palillos que parecen las agujas del pelo de las geishas. El envase es muy útil en varios sentidos: es fácil de llevar, cuando se añade agua se pueden calentar los fideos en un microodas y comerlos directamente del envase. Cuando se abre tiene la forma de un envase de comida para llevar."

110

THE SUPERNATURAL
Inhouse Design
Auckland, New Zealand
DESIGNER **Arch MacDonnell**
www.inhousedesign.co.nz

Create a label for The Supernatural. Whilst the name of this wine cleverly alludes to its sustainable qualities we wanted the imagery to avoid any clean, green, organic stereotypes. Instead, playing on the word 'Supernatural' the label is treated as a cabinet of curiosities including other-worldly objects drawn from natural history.

Crear una etiqueta para The Supernatural. El nombre de este vino hace referencia de forma inteligente a sus cualidades sostenibles, pero con las imágenes queríamos evitar cualquier estereotipo relacionado con lo orgánico, verde o limpio. En vez de ello, mediante un juego con la palabra "Supernatural", la etiqueta parece un armario de curiosidades que contiene objetos de otro mundo sacados de la historia natural.

THE FORTUNE COOKIE
Studio Fredrik Staurland
Stavanger, Norway
DESIGNER **Fredrik Staurland**
www.fredrikstaurland.com

This is a concept design for a T-shirt and packaging. I have used a large Chinese fortune cookie to package the T-shirts that bear interesting slogans like "go ask your mom", which represent the fortune inside the cookie. Instead of a piece of paper telling you your fortune, the T-shirt does. Fortune Tee cookie is just like a real cookie. I started with the batter and shaped the batter into a big circle, much bigger that a normal fortune cookie, which baked for 15 minutes before the T-shirt is placed inside and folded. So the T-shirt was not baked.

Es un concepto de diseño para una camiseta y su packaging. He utilizado una gran galleta de la suerte china para empaquetar las camisetas, que llevan eslóganes interesantes como "ve a preguntárselo a tu madre", como si fueran los consejos que salen de dentro de las galletas. No es un papelito el que te cuenta tu fortuna, sino la camiseta. La galleta Fortune Tee es como una galleta de verdad. Empecé haciendo la pasta, y luego le di una forma redonda haciendo un círculo mucho más grande de lo normal, la horneé durante 15 minutos y luego puse las camisetas dentro y doblé la galleta. De este modo, las camisetas no se hornean.

PURE COAL
Winnie Yuen
Los Angeles, U.S.A.
DESIGNER **Winnie Yuen**
PHOTOGRAPHY **QiYuan Li**
www.winnieyuen.com

Pure Coal®, a 100% natural bamboo charcoal, is a sustainable alternative to traditional charcoal. The product offers consumers a delicious and playful barbecue experience, while maintaining the Kingsford's guarantee of quality. Because of increasing numbers of people are concerned about becoming more environment friendly, Kingsford introduces a sustainable way to experience barbeque. Bamboo Charcoal will replace the traditional charcoal, which has significantly less toxic emissions than any wood charcoal. It burns almost smoke free; it is odorless, lights up quickly, produces less ashes, and burns hotter than most wood charcoals. The barbecue's tools are made from recycled aluminum and reclaimed, recycled, and FSC woods. Moreover, committed to inspiring a fundamental shift toward environmental responsibility in the food industry, the line Pure Coal® by Kingsford are packaged with only sustainable materials, mainly with corrugated cardboard. For the sauces and seasoning bottles, recycled glass is used and the bottles' caps are made from FSC woods.

Pure Coal®, un carbón vegetal de bambú 100% natural, es una alternativa sostenible al carbón tradicional. El producto ofrece una experiencia de barbacoa deliciosa y divertida, y al mismo tiempo mantiene la garantía de calidad de Kingsford. Puesto que el número de personas preocupadas por el medio ambiente es cada vez mayor, Kingsford introduce un modo sostenible de hacer barbacoas. El carbón vegetal de bambú sustituye el carbón tradicional, ya que produce menos emisiones tóxicas que cualquier carbón de madera. Quema prácticamente sin humo, no tiene olor, se enciende rápidamente, produce menos cenizas y produce más calor que la mayoría de carbones de madera. Los utensilios de barbacoa están hechos de aluminio reciclado y maderas recuperadas, recicladas y certificada FSC. Además, debido a su compromiso con la promoción de un cambio fundamental hacia la responsabilidad medioambiental, la línea Pure Coal® by Kingsford se empaqueta únicamente con materiales sostenibles, principalmente con cartón corrugado. Las botellas de salsas y condimentos son de vidrio reciclado y los tapones son de madera certificada FSC.

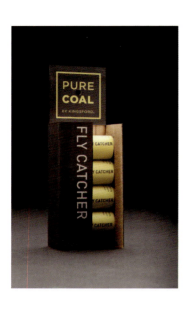

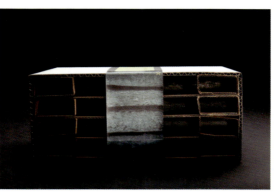

PLATÔ 5:7
Studio Marie-Noël Therrien
Montreal, Canada
DESIGNER **Marie-Noël Therrien**
PHOTOGRAPHY
Miriam Rondeau, Sebastien Filcich
www.mntherrien.com

I thought of this project while in University because I was always struggling to hold my glass of wine and my food while attending vernissages. So I designed a tray, made from recycled cardboard, that would hold both your glass and your canapés, leaving your other hand free.

Pensé en este proyecto cuando estaba en la Universidad, porque cuando asistía a inauguraciones siempre tenía dificultades para aguantar la copa de vino y la comida. Así que diseñé una bandeja de cartón reciclado que sostuviera la copa y los canapés, dejando libre la otra mano.

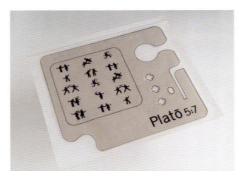

RADIAL FIN COFFEE CUP

Miller Creative LLC
New Jersey, United States
DESIGNERS
Reuben Miller & Yael Miller
3D MODELING **Alex Sierykh**
www.yaelmiller.com

The Radial Fin Cup is an attempt to improve the typical coated, rolled and glued coffee cup with a plastic lid, and satisfy coffee shop owners, consumers and the the environment alike. This is a tough call. Retailers want low cost and happy customers. Customers want ease-of-use, convenience and cleanliness. The environment needs us to come up with sustainable ways to drink our daily coffee. We felt avoiding reusables was important since consumers at-large are not likely to reuse their cups. (Convenience factor.) A disposable cup that doesn't cost a lot more than the current model would be ideal. Eliminating extra materials was also key. We came up with a sleeveless cup that is sustainable and 100% biodegradable. Some carefully considered improvements make this idea very attainable in the real world. The design incorporates fins to allow for insulation from the cup surface without adding an extra sleeve. We've also seriously considered an alternate material for the lid, instead of PLA (polylactic acid) since PLA is made from corn and this can adversely affect edible crops, which would impact food supplies.

La Radial Fin Cup es un intento de mejorar el típico vaso de café con recubrimiento, enrollado, pegado con cola y con tapa de plástico, y satisfacer a los propietarios de las cafeterías, a los consumidores y al medio ambiente. Es una tarea difícil. Los vendedores quieren un coste bajo y clientes felices. Los clientes quieren facilidad de uso, comodidad y limpieza. El medio ambiente necesita que encontremos maneras sostenibles de beber nuestro café diario. Pensamos que era importante evitar los vasos reutilizables porque la mayoría de usuarios no va a reutilizar el vaso (factor de la comodidad) Lo ideal sería encontrar un vaso desechable que no cueste mucho más que el modelo actual. También era clave eliminar los materiales extra. Diseñamos un vaso sin funda que es sostenible y 100% biodegradable. Ciertas mejoras cuidadosamente consideradas hacen que esta idea se pueda poner fácilmente en práctica en el mundo real. El diseño incorpora aletas para aislar la superficie del vaso sin necesidad de añadir una funda extra. También hemos considerado seriamente un material alternativo para la tapa en lugar de PLA (ácido poliáctico), ya que el PLA está hecho de maíz y puede afectar negativamente a las cosechas comestibles y al suministro de alimentos.

SPOONIGAMI
Miller Creative LLC
New Jersey, United States
DESIGNERS
Yael Miller & Reuben Miller
www.yaelmiller.com

A conceptual design for a folding diagram to help consumers use the foil seal on yogurt and pudding containers as a makeshift spoon in a pinch. The idea is convenience, while keeping packaging waste to a minimum.

Un diseño conceptual para un diagrama de plegado que ayuda a los consumidores a utilizar la tapa de aluminio del yogur y el pudding como cuchara., La idea es proporcionar comodidad y reducir los desechos del packaging al mínimo.

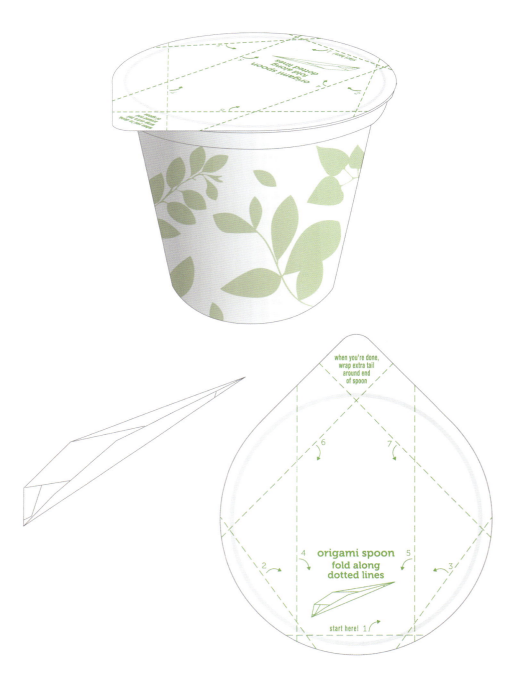

ORGANIC EGGS
Agency Lindsey Faye
San Diego, California, USA
DESIGNER **Lindsey Faye Sherman**
www.lindseyfaye.com

Reintroducing a classic packaging concept, I designed an egg carton container engineered for maximum storage, usability and protection of the stored product. Equipped with individually perforated cups this container will allow you to store and travel with your eggs with ease.

Volví a introducir un concepto de packaging clásico, y diseñé una huevera de cartón pensada para obtener la máxima capacidad de almacenaje, usabilidad y protección del producto almacenado. Equipada con copas perforadas individualmente, esta huevera te permitirá almacenar y desplazarte fácilmente con los huevos.

ECO PACKAGING
Studio Ben Huttly
Bournemouth, England, UK
DESIGNER **Ben Huttly**
www.benhuttly.co.uk

Through experimentation and innovation I have developed a form of packaging that is 100 percent biodegradable and recyclable. If the packaging is discarded it will have a positive effect on the environment due to the seed embedded biodegradable paper. The twine used to secure the product and label is natural cotton and 100 percent biodegradable. The labels themselves have been produced using a die cut. This eliminates the use of harmful printing ink, as well as giving the packaging an aesthetically pleasing organic look and feel.

Gracias a la experimentación y la innovación, he desarrollado un tipo de packaging que es 100% biodegradable y reciclable. Cuando se tire el packaging, tendrá un efecto positivo en el medio ambiente, gracias a la semilla incorporada en el papel biodegradable. El cordel utilizado para sujetar el producto y la etiqueta es de algodón natural totalmente biodegradable. Las etiquetas se han troquelado. De este modo, se elimina el uso de tintas nocivas, además de darle al packaging un aire orgánico muy atractivo estéticamente.

BÚ ÖRFLÖGUR
Björg í bú
Reykjavík, Iceland
DESIGNERS **Edda Gylfadóttir, Helga Björg Jónasardóttir, Guðrún Hjörleifsdóttir**
ILLUSTRATOR **Reykjavík Letterpress**
PHOTOGRAPHY **Viktor Örn Guðlaugsson**
www.bjorgibu.is

The box which contains the Microchips transforms into a bowl when it is opened and contains information about the potato and where it is from. BÚ MICROCHIPS, sea-marinated potato chips, fatfree and extremely healthy, seasoned with the sea, baked and dryed. The BÚ Microchips are Icelandic natural product, only containing potatoes and sea. The Icelandic potato grows by the sea and it has always had this strong relationship with the sea and that is the reason for the choice of taste.

Cuando se abre, la caja que contiene las Microchips se convierte en un bol. Contiene información sobre la patata y su origen. BÚ MICROCHIPS, son patatas adobadas en el mar, saludables, sin grasa, con sal marina, horneadas y secadas. Las patatas BÚ Microchips son un producto natural islandés, que contienen únicamente patatas y mar. La patata islandesa se cultiva cerca del mar y siempre ha tenido esta intensa relación con el mar, por eso se escogió este sabor.

EL VERD DEL POAIG
Studio Cul de Sac
Valencia, Spain
DESIGN **CuldeSac**
www.culdesac.es

Every block of stone has a statue inside it and it is the task of the sculptor to discover it. I saw the angel in the marble and carved until I set him free" Michelangelo. By pulling the cardboard petals off this exclusive packaging, we discover the slender figure and soul of El Verd del Poaig. Recycling and luxury materials undertake a joint venture to reveal this unique olive oil with aromatic notes of freshly cut grass, walnuts and almonds.

"Todo bloque de piedra guarda una estatua en su interior; la labor del escultor es descubrirla. Vi el ángel en el mármol y esculpí hasta liberarlo" Miguel Ángel. Deshojando los pétalos de este exclusivo packaging descubrimos la esbelta figura, el alma de El Verd del Poaig. Materiales de reciclaje y de lujo emprenden una joint venture para revelar este aceite de oilva único, con notas aromáticas a hierba cortada, nueves y almendras.

LEE - NEVER WASTED
Happy Creative Service
Bangalore, India
DESIGNER **Viduthalai Raj M**
ART DIRECTOR **Viduthalai Raj M**
COPY WRITING **Athul CT**
CREATIVE DIRECTOR
Praveen Das, Kartik Iyer
ILLUSTRATOR **Vinayachandran T**
STUDIO HEAD **Rama Krishna**
ACCOUNT EXECUTIVE **Neelima Kariappa**
www.thinkhappy.biz

With the relevance of eco-friendly initiatives increasing every day, Lee wanted an innovative solution that would display their affiliation towards the same and also spread the message amongst their customers. To drive the message home in a fun and effective way, we went for something a bit more inventive than just a bag made of recycled paper. The 'Never Wasted' shopping bag that can be reused in one way or another. Some for fun, some for function, but nothing ever goes into the trash. Not only did this make the idea long-lasting and interactive but also conveyed the message in a fascinating manner. A surge in interest from patrons forced us to produce 100 times more bags than the initial production of 3,000 bags.

Puesto que la importancia de las iniciativas respetuosas con el medio ambiente es cada vez mayor, Lee quería una solución innovadora que mostrara su apoyo a esta causa y difundiera el mensaje entre sus clientes. Para llevar el mensaje al hogar de un modo divertido y efectivo, nos decantamos por algo más inventivo que una simple bolsa hecha de papel reciclado. La bolsa 'Never Wasted' se puede reutilizar de varios modos, por diversión, por funcionalidad, pero nunca va a la basura. Así la idea no solo era duradera e interactiva, sino que además transmitía el mensaje de un modo fascinante. Un repentino aumento del interés de los clientes nos obligó a producir 100 veces más bolsas de las 3.000 previstas inicialmente.

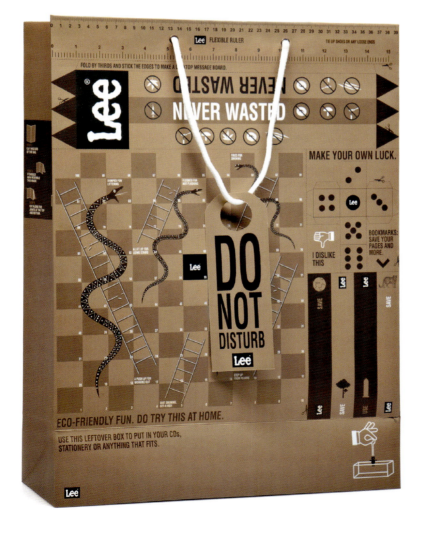

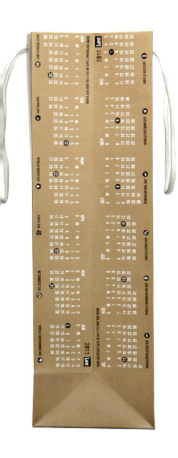

PSYCHIC DICE

SLEEPING MASK

BOOKMARK

CONDOM POUCH

CREDIT CARD HOLDER

TABLE TOP

BLACK BOOK

2011 CALENDAR

PENCIL STAND

SHOE LACE

SNAKE & LADDER BOARD

CD HOLDER / CONTAINER

FIRST AID CHART

SMILEY TAGS

FLEXIBLE SCALE

WEDGE FOR FURNITURE

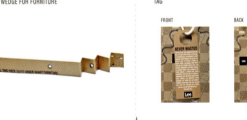

TAG

FRONT   BACK

DICE

DAO CHA
PEGA D&E
Taipei, Taiwan
www.pegadesign.com

Anywhere you have access to hot water you can celebrate traditional tea culture with Dao Cha. Constructed from a single watertight, folded sheet of paper, Dao Cha is a three-part paper tea set in one slim design. The multinational set of teas is a compilation of the five most representative kinds of teas in the world. The packaging is designed according to the region and characteristics of the tea leaves.

Con Dao Cha puedes celebrar la tradicional cultura del té en cualquier lugar que tenga agua caliente. Hecho a partir de una única lámina de papel estanco plegada, Dao Cha es un juego de té de papel de tres piezas con un diseño elegante. El conjunto de tés internacionales es una selección de los cinco tipos de té más representativos del mundo. El packaging está diseñado teniendo en cuenta la región y las características de las hojas de té.

DEJECTION-MOLDING
Studio Manuel Jouvin
Paris, France
DESIGNER & PHOTOGRAPHY
Manuel Jouvin
www.manueljouvin.com

In my research, I discovered that colored paper has an influence on the color of snail excrements. Indeed, gastropods barely assimilate the paper's pigments and faithfully reject the color of ingested paper. These dejections, which are comparable to chewed paper, are reinvested in the cellulose molding process used for making egg-boxes. Within this process, it is possible to replace recycled paper by snails excrements and create a set of objects. In partnership with Sylvie Pierru, snailfarmer in Picardie (France), we manufactured packagings designed for cooked snails. The collecting of snails dejections is already integrated in snail farms for hygienic purposes. Then, all we have to do is to transport them in a cellulose molding industry. Exclusively made from renewable natural resources, Dejection-Molding material is recyclable and biodegradable. It can be remolded ad infinitum when put at water's touch thanks to the cellulose molding process. Low density texture of molded snails excrements allows to have low hardness and lightweight material. This material is available as many colors as different colored papers.

En mi investigación descubrí que el papel coloreado afecta el color de los excrementos del caracol. Efectivamente, los gasterópodos casi no asimilan los pigmentos del papel y rechazan el color del papel ingerido. Estos excrementos, que se parecen al papel masticado, se vuelven a invertir en el proceso de moldeado de celulosa para hacer hueveras. En este proceso, se puede reemplazar el papel reciclado por excrementos de caracoles para crear un conjunto de objetos. En colaboración con Sylvie Pierru, que tiene una granja de caracoles en Picardie (Francia), fabricamos un packaging para caracoles cocinados. Los excrementos de los caracoles ya se recogen en las granjas de caracoles por motives de higiene. Así que todo lo que teníamos que hacer era llevarlos a una fábrica de moldeo de celulosa. Este material está hecho a partir de fuentes naturales renovables, es reciclable y biodegradable. Se puede volver a moldear infinidad de veces cuando se pone en contacto con agua gracias al proceso de moldeado de celulosa. La textura de baja densidad de los excrementos de caracoles moldeados permite obtener un material ligero y de poca dureza. Este material está disponible en tantos colores como papeles de colores distintos.

HAMPI NATURAL TABLEWARE
Brandnew Design
Weesp, The Netherlands
DESIGNER **Marcel Verhaaf**
PHOTOGRAPHY **Nishiki**
www.brandnew.nl

Hampi natural tableware is a range of natural design disposables, made out of fallen palm leaves. Brandnew Design has created the integral (2D and 3D) design of this new product range. The design depicts the story of this special product by showing the transformation of the leaf into reusable natural plates. The sides and top of the packs show the beautiful patterns of the plates. The shapes used in the logo were used as a source of inspiration for inspiration for the actual boxes. The packaging range consists out of two different products: bowls and plates. The pack is Recyclable (no glue used). The tableware is biodegradable and compostable (made from natural shed leaves), too is reusable (a couple of times).

La vajilla natural Hampi es una colección de platos desechables de diseño natural, hechos con hojas de palma caídas. Brandnew Design ha creado el diseño integral (2D y 3D) de esta nueva gama de productos. El diseño habla de la historia de este producto especial, mostrando la transformación de la hoja en platos naturales reutilizables. Los laterales y la parte superior del envase muestran el hermoso diseño de los platos. Las formas usadas en el logotipo se utilizaron como fuente de inspiración para las cajas. Hay dos tipos distintos de packaging: uno para boles y otro para platos. La caja es reciclable (no se utiliza pegamento). La cajilla es biodegradable y compostable (hecha de hojas naturales), y también es reutilizable (un par de veces).

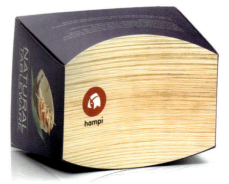

EVOLVE ORGANIC OIL
SabotagePKG
London, United Kingdom
DESIGNER **SabotagePKG**
PHOTOGRAPHY **Studio 21 London**
www.sabotagepkg.com

The Cold Pressed Oil chic bottle design was made to fit with the ecological-premium brand identity of Evolve. The Evolve Cold Pressed Oil packaging was created with reusable function in mind. Refill packages are available in seal-fresh pouches to reduce the ecological impact of the company. The oils carried in these awesome bottles include Hemp Seed, Walnut, Apricot Kernal and Pumpkin Seed.

El diseño chic de la botella de Cold Pressed Oil se hizo para que encajara con la identidad de marca ecológica y de calidad de Evolve. El packaging de Evolve Cold Pressed Oil se creó pensando en que pudiera ser reutilizado. Hay paquetes de repuesto en bolsas selladas para reducir el impacto ecológico de la compañía. Los aceites de estas increíbles botellas son aceite de Semilla de Cáñamo, Nuez, Hueso de Albaricoque, y Semilla de Calabaza.

VOTRYS
Studio Athanasios Babalis
Thessaloniki, Greece
DESIGNER (concept and 3D design)
Athanasios Babalis
GRAPHIC DESIGN (logo and tag)
Red Creative
www.ababalis.com
www.redcreative.gr

A gift box for the clients range of wines. Curved plywood with Oak veneer, cotton string, leather and card. As opposed to the ordinary wine gift boxes that are mainly rectangular and their life is limited (they are usually thrown away after the wine bottle is opened and consumed), the specific box design has an organic form and its reuse has been considered from the very beginning: it is a wine rack! This is the first in a series of three sizes of boxes (the other two will reach the market soon) that contain one, two and three wine bottles each. Each box can accept two different sizes/forms of bottles of the same capacity. The box here is for the 1.5 liter capacity bottles. The three sizes are either combined together or separately and by stacking them a wine-rack is formed. Even a big wine-rack could be produced in this way. The shape of the box was chosen because it is sympathetic to the shape of the bottle and it also looks like a grape from one side when stack. The box has a handle and can be carried like a bag without the need for additional packaging. The use of Oak plywood as the main material was chosen because it makes references to the Oak barrels the wine matures in. The client logo appears on the box and on a label on the handle which also explains the concept and the way to reuse the box.

Una caja de regalo para la gama de vinos del cliente. Madera contrachapada con recubrimiento de roble, cordel de algodón, piel y cartón. Al contrario que la mayoría de cajas de regalo de vino que mayoritariamente son rectangulares y su vida es limitada (normalmente se tiran después de abrir y tomar el vino), el diseño de esta caja tiene una forma orgánica y su reutilización se ha considerado desde el principio: se trata de un botellero. Es el primero de una serie de cajas de tres tamaños (los otros dos llegarán pronto al mercado) que contienen una, dos y tres botellas cada uno. Cada caja puede contener dos tamaños/formas distintos de botella de la misma capacidad. Esta caja es para botellas de 1,5 litros de capacidad. Las tres medidas se pueden combinar de forma conjunta o separada, y si se apilan, se forma el botellero. De este modo, se puede crear un botellero grande. La forma de la caja se escogió porque iba bien con la forma de la botella y de lado parece una uva cuando se apila. La caja tiene un asa y se puede llevar como si fuera una bolsa sin necesidad de un envase adicional. El uso de madera contrachapada de roble como material principal se escogió porque hace referencia a los barriles de roble en los que el vino envejece. El logotipo del cliente que hay en la caja y en una etiqueta en el asa explica el concepto y el modo de reutilizar la caja.

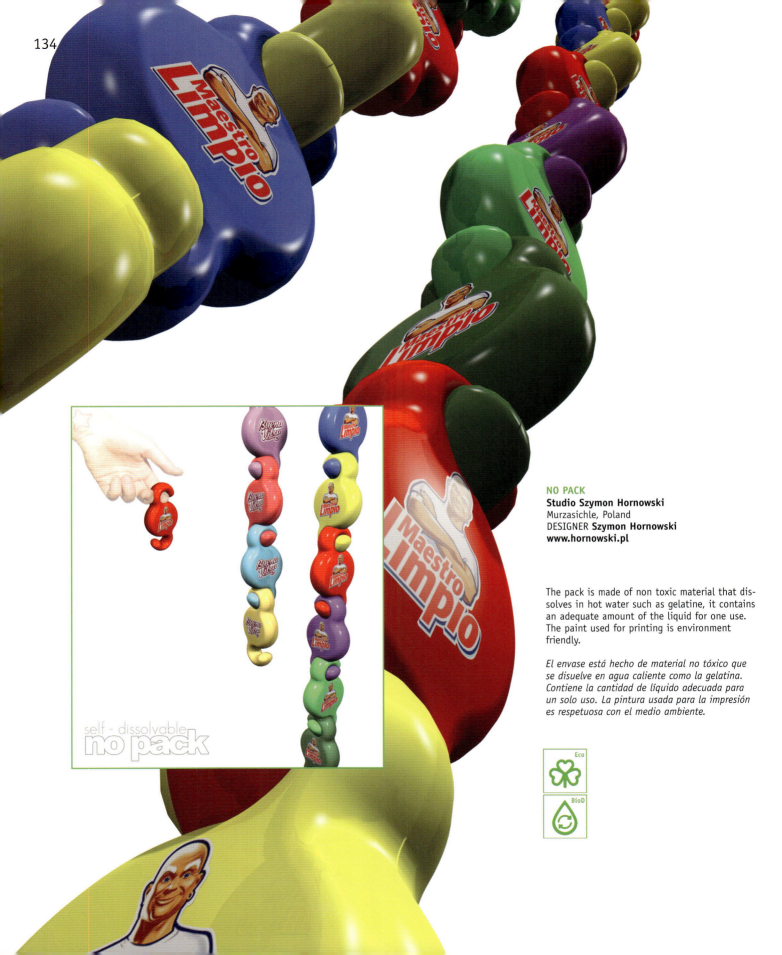

NO PACK
Studio Szymon Hornowski
Murzasichle, Poland
DESIGNER **Szymon Hornowski**
www.hornowski.pl

The pack is made of non toxic material that dissolves in hot water such as gelatine, it contains an adequate amount of the liquid for one use. The paint used for printing is environment friendly.

El envase está hecho de material no tóxico que se disuelve en agua caliente como la gelatina. Contiene la cantidad de líquido adecuada para un solo uso. La pintura usada para la impresión es respetuosa con el medio ambiente.

NATURAL SELF
Formboten
Hanover, Germany
DESIGNERS
Patrick Decker & Florian Langer
www.formboten.com

Natural Self is a biodegradable flacon (perfume bottle). The outer case is made of cork and the inner body is made of PLA, a compostable thermoplastic. The reduced cork body is in an interesting relation to its white deep drawn, blister-type bioplastic. When the flacon gets closed a slitted closure covers the overhang of the PLA as a protection against skewing. A small PLA-label with the logo reveals the name of the fragrance which is scheduled for a natural cosmetic product.

Natural Self es un frasco biodegradable (botella de perfume). El exterior del frasco está hecho de corcho y el cuerpo interior está hecho de PLA, un termoplástico compostable. El cuerpo de corcho es más pequeño en relación con el bioplástico blanco. Cuando se cierra el frasco, un cierre con ranuras cubre la parte del PLA que sobresale como protección contra la inclinación. Una pequeña pestaña de PLA con el logotipo muestra el nombre de la fragancia, que es un producto cosmético natural.

 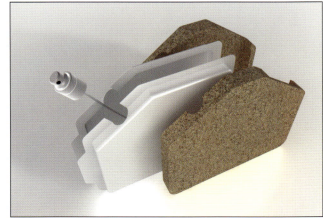

MOVE-IT
David Graham Design
London, United Kingdom
DESIGNER **David Graham**
www.davidgrahamdesign.com

Move-it It is a compact self-assembly carriage system for boxes of up to 20Kg, made entirely of cardboard. It is fully recyclable and lightweight and consists of a set of two wheels and two different types of adjustable handle. A combination of these components allows the user to move boxes of almost any size and shape. Once home the system can be disposed of by being recycled with the cardboard box, saved with the box for future trips or, reused on another box (condition permitting). The system is designed for and can withstand a typical trip across the city on Public Transport and can even cope with rain and wet pavements. What makes Move-it truly unique is that every single part is cardboard. Wheel, axle, chassis and handle can all be mashed up at the recycling facility.

Move-it It es un sistema de transporte de cajas compacto que el mismo usuario monta en cajas de hasta 20 kg, hecho totalmente de cartón. Es totalmente reciclable y ligero, y consiste en un juego de dos ruedas y dos tipos distintos de asas ajustables. La combinación de estos elementos permite al usuario transportar cajas de prácticamente cualquier tamaño y medida. Una vez en casa, el sistema se puede desechar reciclándolo junto con la caja de cartón, guardarse con la caja para futuros viajes o volver a utilizarse en otra caja (siempre y cuando esté en buenas condiciones). El sistema está diseñado para soportar el típico viaje por la ciudad en transporte público, y puede incluso resistir la lluvia y el asfalto mojado. Lo que hace que Move-it sea realmente único es que todas las piezas están hechas de cartón: la rueda, el eje, la carcasa y el asa se pueden triturar en las instalaciones de reciclado.

THE SOAP ORIGINAL
Apokalyps Labotek
Malmö, Sweden
DESIGNERS
Petra Lilja & Jenny Nordberg
PHOTOGRAPHY **Johan Daniel**
www.apokalypslabotek.se

The Soap Original is a soap made from recycled deep frying oil from kitchens in the south of Sweden. Only vegetable products have been prepared in the vegetable oil. After 48 hours of use in the restaurant the oil is collected and cleaned. Packaging: The paper used in the box is Munken Polar which is FSC-labelled and manufactured by Arctic Paper which is an environmentally certified paper mill. The box is printed and produced by an eco-labelled printer in Malmo. The soap cover is made from an environmentally certified material.

Soap Original es un jabón hecho de aceite de freír reciclado de cocinas del sud de Suecia. En el aceite solo se han cocinado productos vegetales. Después de 48 horas de uso en el restaurante, el aceite se recoge y se limpia. Packaging: El papel utilizado en la caja es Munken Polar, certificado FSC y fabricado por Arctic Paper, que es un fabricante de papel que ha sido reconocido por su sistema de gestión ambiental eficaz. La caja está impresa y fabricada por una imprenta de Malmo con etiqueta ecológica. La cubierta del jabón está hecha con un material con certificación ecológica.

CHAIR
Study
Adam Paterson
United Kingdom
DESIGNER **Adam Paterson**
www.adampaterson.com

Unique flat-pack furniture: Mix, pour, position and wait... A new type of flat-pack furniture that unites the user with the production experience, allowing you to easily make your very own unique chair.

Muebles empaquetados planos únicos: Mezcla, vierte, coloca y espera... Un nuevo tipo de muebles empaquetados planos que permiten al usuario formar parte del proceso de producción, ya que puedes construirte tu propia y única silla.

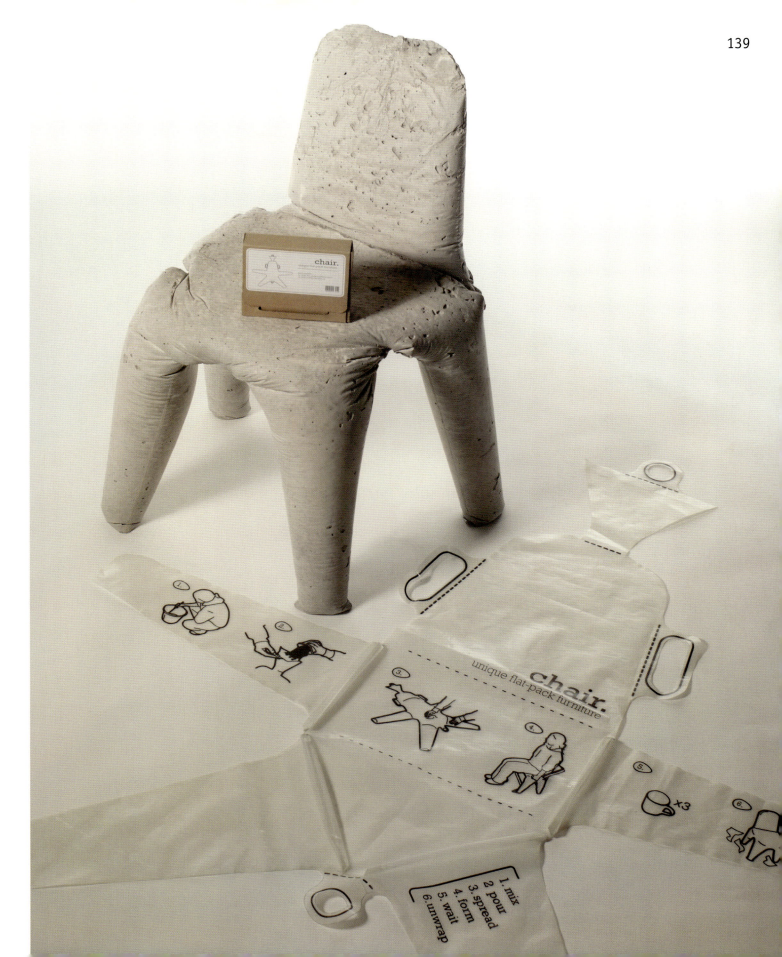

FJORDLAND ØKOLOGISKE
Studio Fredrik Staurland
Stavanger, Norway
DESIGNER **Fredrik Staurland**
www.fredrikstaurland.com

This is a concept for a range of ecological and vegetarian ready dinners. The dinner is in a bag that is boiled for 10 min, and then served on a plate. I wanted to focus on the issue of getting the bag up from the boiling water, which I found is a hassle. My concept hangs the bag on the side of the pot while it's cooking, much like a t-bag. This makes it much easier to grab it and serve it when it is done.

Es un concepto para una gama de comida preparada ecológica y vegetariana. La comida está en una bolsa que se hierve durante 10 minutos, y luego se sirve en el plato. Quería centrarme en el tema de cómo sacar la bolsa del agua hirviendo, lo cual es para mí un incordio. Mi concepto cuelga la bolsa en el lado de la olla mientras se cocina, como una bolsita de té. De este modo es mucho más fácil sacarla y servirla.

BAMBUM
Ciclus
Barcelona, Spain
DESIGNER **Tati Guimarães**
www.ciclus.com

The concept was to design a Christmas gift using the Christmas traditions to talk about sustainability. The object designed was a playful object that assembled becomes a Christmas tree and after Christmas you can reuse it like a coaster (to cheers for a better world). The title on the box put: PRESERVE THE CHRISTMAS (is a doble meaning: to preserve the environment and to preserve the Christmas tradition). The object is made of bamboo wood and the pack use the minimum material and processes. The christmas message and the assembly instructions are printed inside the box to save paper.

El concepto consistía en diseñar un regalo de Navidad utilizando las tradiciones navideñas para hablar de sostenibilidad. El objeto diseñado era un objeto divertido, que una vez montado se convierte en un árbol de Navidad. Pasada la Navidad se puede reutilizar como posavasos (para brindar por un mundo mejor). El título de la caja pone: PRESERVE CHRISTMAS (CONSERVA LA NAVIDAD) (es un doble sentido: conservar el medio ambiente y conservar las tradiciones navideñas). Está hecho de madera de bambú y el envase utiliza el mínimo material y los mínimos procesos. El mensaje navideño y las instrucciones de montaje están impresos en la caja para ahorrar papel.

143

RUDOLPH CARE
Dyhr.Hagen
Copenhagen, Denmark
DESIGNERS
Lars Dyhr & Victor Lieberath
www.dyhrhagen.com

A new range of organic skin care products. The brief was to design a packagerange with a french look/feel to it but with clear scandinavian reference regarding simplicity and minimalism. Regarding production of the packaging it was very vital that paper, colours and printing met the same standards as the products inside. Rudolph Care is the first brand on the market to be certified by both the Nordic Ecolabel and ECOCERT certification. These labels are your guarantee of sustainable, exclusive beauty products that pamper and protect without any damage to you, or the environment. Going beyond the certification requirements, Rudolph Care is also 100% free from the list of 26 allergenic perfumes that should be avoided according to the Danish Environment Ministry and the EU.'

Una nueva gama de productos orgánicos para el cuidado de la piel. El encargo consistía en diseñar una gama de envases con un aire francés, pero con una clara referencia escandinava en lo que se refiere a la simplicidad y el minimalismo. En lo que respecta a la producción del packaging, era muy importante que el papel, los colores y la impresión cumplieran los mismos requisitos que los productos del interior. Rudolph Care es la primera marca del mercado que ha recibido la Etiqueta Ecológica Nórdica y la certificación ECOCERT. Estas etiquetas garantizan que los productos de belleza exclusivos son sostenibles y que te miman y protegen, sin dañarte a ti ni al medio ambiente. Rudolph Care va más allá de los requisitos de la certificación, y no incluye ninguno de los 26 perfumes alergénicos que deberían ser evitados de acuerdo con el Ministerio de Medio Ambiente de Dinamarca y la UE.

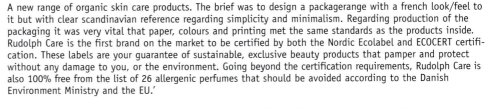

CHROMA PAINT
Studio Stephanie Kuga
Los Angeles, USA
DESIGNER **Stephanie Kuga**
www.stephaniekuga.com

The current paint line has been expanded to include concentrated, clean air, and solar paint, as well as brushes and samples to increase Chroma's presence in the market. This new shape resolves current ergonomic and use issues encountered with the traditional paint can, while updating typography with clear hierarchy and instructions for use. The container can be collapsed and recycled in the corrugate chain. The snap on lid is also made of recyclable plastic, relating the packaging to the product it contains.

La línea de pintura actual se ha ampliado para incluir pintura para un aire limpio y pintura solar concentrada, así como pinceles y muestras para aumentar la presencia de Chroma en el mercado. Esta nueva forma resuelve los problemas de ergonomía y de uso que había con las latas de pintura tradicionales. Al mismo tiempo actualizamos la tipografía con una jerarquía y unas instrucciones de uso más claras. El contenedor se puede aplastar y reciclar. El tapón a presión también está hecho de plástico reciclable, y asocia el envase con el producto que contiene.

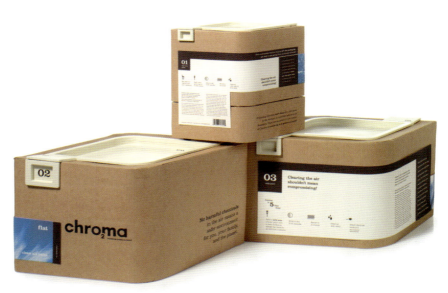

ECO JOE
Ecojoekits
San Francisco, USA
DESIGNER **Yi Hsuen Lin**
www.ecojoekits.com

EcoJoe is the Only and Original Eco-Friendly alternative to the plastic Saint Joseph Statues used as good luck charms in selling real estate.

EcoJoe es la única alternativa original respetuosa con el medio ambiente a las estatuas de plástico de San José que se utilizan como amuletos de la suerte en la venta de propiedades inmobiliarias.

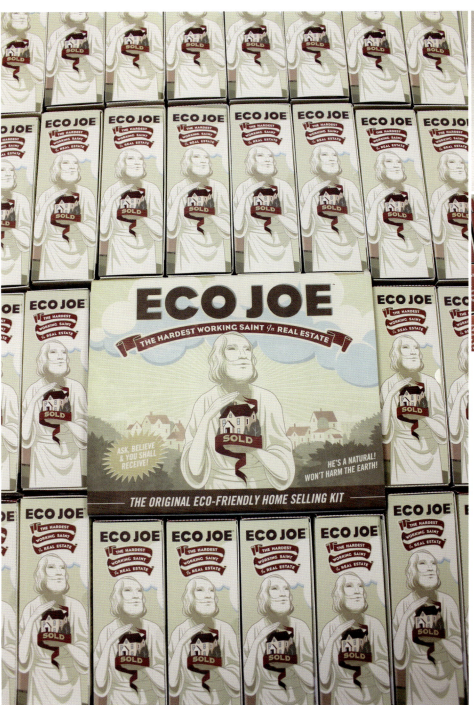

GLASS JAR-CANDLESTICK
Ciclus
Barcelona, Spain
DESIGNER **Tati Guimarães**
www.ciclus.com

The client commissioned Ciclus to come up with a new year's gift that paid homage to an event they organised in summer: a fashion show in which clothes were made of reused materials. One of the most interesting pieces was a dress made entirely out of orange peel. A post card showing the recycled orange peel dress from HERA's summertime fashion show was placed below the bottle of champagne. By removing the post card another surprise gift was revealed. The surprise gift was a 100% recycled glass jar containing candied orange peel. The glass jar also doubled as a candlestick holder.

El cliente le encargó a Ciclus que diseñara un nuevo regalo navideño que rindiera homenaje a un evento que organizaron en verano: un desfile de moda en el que la ropa estaba hecha con materiales reutilizables. Una de las piezas más interesantes era un vestido hecho totalmente con piel de naranja. Se colocó una postal que mostraba este vestido reciclado del desfile de moda de HERA debajo de la botella de champán. Al sacar la postal, aparecía otro regalo sorpresa: un tarro de vidrio 100% reciclado con piel de naranja confitada. El tarro de vidrio se duplica y se convierte en un candelabro.

PACKAGING LAMP
Studio David Gardener
London, United Kingdom
DESIGNER **David Gardener**
www.davidgardener.co.uk

The Lamp is designed with a dual use. The main structure of the lamp is constructed from paper pulp and houses all the electronic parts of the lamp in storage, much like an egg box supporting eggs in transit. The bulb, plug, bulb holder and flex are all stored in the central balustrade for storage. The user then opens up the lamp, constructs the electronic components and rearranges them inside to form the working lamp, with no excess packaging to be thrown away. The form seamlessly changes from packaging to product.

La Lámpara se ha diseñado con un doble uso. La estructura principal de la lámpara está hecha de pulpa de papel y alberga todas las partes electrónicas de la lámpara en almacenamiento, como una huevera que guarda los huevos durante el transporte. La bombilla, el enchufe, el portalámparas y el cable se guardan en la balaustrada principal para su almacenaje. El usuario abre la lámpara, monta los componentes electrónicos y los coloca en el interior para que la lámpara funcione, sin ningún embalaje sobrante que se tenga que desechar. La forma de la lámpara se transforma de packaging a producto.

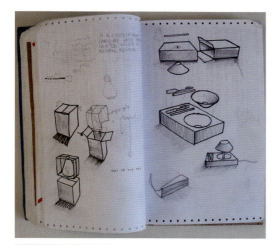
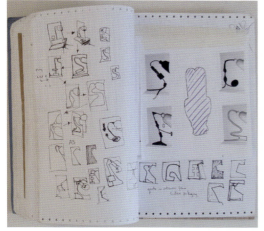
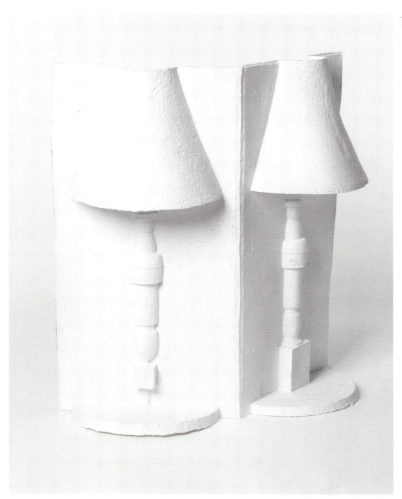
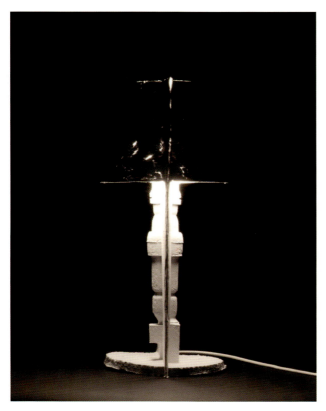

VILJE
Oslo, Norway
DESIGNERS **Rebecca Egebjerg, June Sagli Holte & Eivind Reibo Jentoft**
www.eivindreibo.com
www.rebeccaegebjerg.com
www.junesh.com

"Vilje muesli" is the result of a school packaging project, where we were asked to design the container for a fictional ecological muesli series. The series was to include the flavours: mixed grains; nuts; and blueberry, along with matching muesli bars. The target group was educated, independent women, ages 25 to 40, who cared about making a healthy, ecological choice for both the planet and themselves. We decided to make the packaging as environmentally friendly as possible. The accessible carton is made of fully-recyclable paper and with soy-based ink. The 1940s propaganda posters, directed towards women, inspired the graphic design elements. The name "Vilje" is both a woman's name in norwegian and means "the will to". Thus, the user is given an opportunity to communicate a strong will to live healthy and choose a green, ecological lifestyle.

"Vilje muesli" es el resultado de un proyecto de packaging escolar, en el cual nos pidieron que diseñáramos la caja para una serie de muesli ecológico ficticio. La serie tenía que hacer referencia a los distintos sabores: cereales variados; frutos secos: y arándanos, junto con las barras de muesli correspondientes. El grupo objetivo eran mujeres independientes, educadas, de entre 25 y 40 años, preocupadas por una alimentación ecológica y saludable tanto para el planeta como para ellas mismas. Decidimos hacer el packaging lo más respetuoso posible con el medio ambiente. El cartón está hecho de papel totalmente reciclado y la tinta utilizada es de soja. Los posters de propaganda de los años cuarenta, dirigidos a las mujeres, inspiraron los elementos del diseño gráfico. El nombre "Vilje" es un nombre de mujer en noruego y significa "el deseo de". Así pues, el usuario tiene la oportunidad de comunicar un fuerte deseo de vivir sanamente y escoger un estilo de vida ecológico y verde.

TALAMANCA COCOA
Fuseproject
San Francisco, CA, USA
DESIGN Team **Yves Behar, Serge Beauleiu and fuseproject**
www.fuseproject.com

In Costa Rica, the Bribri women of Talamanca are making organic cacao and chocolate. Their main product is ground cacao patties, which capture the essence of their production. This cacao patty could be a great opportunity, but it needed a design effort to showcase the product. We created a product ecosystem which included a logo, resalable packaging (inspired by the burlap sacs used to store raw cacao beans made locally, natural and biodegradable, reusable, organic), and an accessory tool used to brake-down the hardened patties and brew the hot cacao drink.

En Costa Rica, las mujeres Bribri de Talamanca producen cacao y chocolate orgánicos. Su producto principal son las empanadas de cacao molido, que captan a la perfección la esencia de su producción. Esta empanada de cacao podría ser una gran oportunidad, pero mostrar el producto requería un gran esfuerzo de diseño. Creamos un ecosistema de productos que incluía un logotipo, un envase resellable (inspirado en los sacos de estopa utilizados para guardar los granos de cacao crudos, fabricados localmente, naturales y biodegradables, reutilizables y orgánicos) y una herramienta adicional utilizada para romper las empanadas endurecidas y hacer la bebida de cacao caliente.

THE LITTLE VEGGIE PATCH CO.
Agency Frank Aloi
Adelaide, Australia
DESIGNER **Frank Aloi**
www.frankaloi.com.au

The Little Veggie Patch Company is a business that specializes in the design, installation and maintenance of chemical-free vegetable gardens. Since the term 'heirloom' refers to an old variety, it was tting that the packaging communicate with typography and illustration to reect a vintage feel. The range of attractive packaged seeds was developed so that they could be sold in non-traditional outlets such as gift and book stores and mailed to interstate clients.

The Little Veggie Patch Company es un negocio especializado en el diseño, la instalación y el mantenimiento de huertos sin productos químicos. Puesto que la palabra 'heirloom' hace referencia a una variedad antigua, el packaging tenía que comunicar por medio de la tipografía y la ilustración una apariencia vintage. La gama de semillas empaquetadas se desarrolló para ser vendida en tiendas no tradicionales como tiendas de regalos o librerías y enviadas a los clientes del mismo estado.

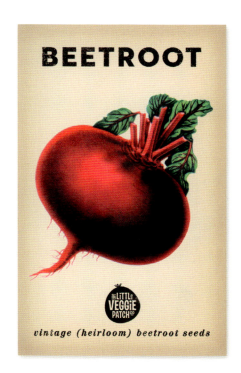

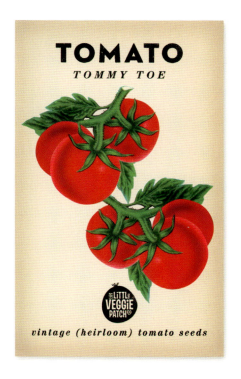

Y WATER
Fuseproject
San Francisco, CA, USA
DESIGN Team **Yves Behar, Josh Morenstein, Nick Cronan, Bret Recor, and fuseproject**
www.fuseproject.com

Develop a natural and USDA organic certified beverage for kids as well as a visual iconic sustainable package that is both reusable and recyclable and moves from traditional labeling to a bio-degradable hanging-tag. "Y Water" is a unique tetra-pod shape that eliminates the need for extra branding by placing all required language on a biodegradable tag that doubles as a merchandising hook. We also created an iconic Y-shaped container that serves as a visual ambassador for the brand.

Teníamos que desarrollar una bebida natural certificada orgánica por la USDA así como un envase sostenible icónico que fuera reutilizable y reciclable y que pase de una etiqueta tradicional a una etiqueta colgante biodegrable. "Y Water" tiene una original forma de tetrápodo que elimina la necesidad de branding extra al colocar todo el texto necesario en una etiqueta biodegradable que se duplica y se convierte en un gancho de merchandising. También creamos un envase icónico en forma de Y que hace de embajador visual de la marca.

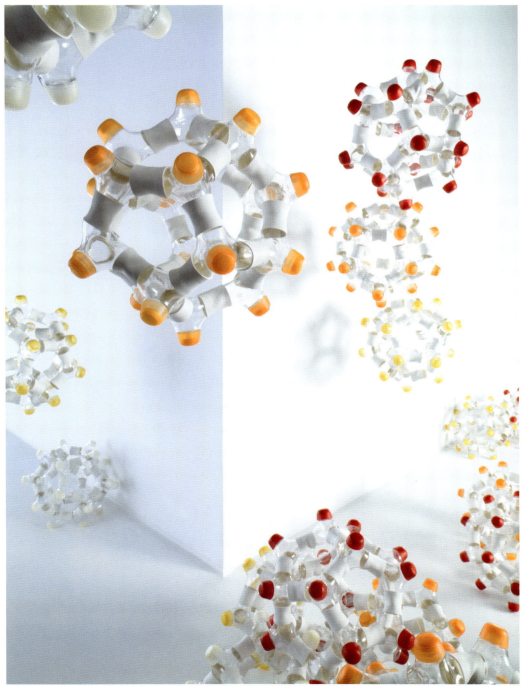

NOT A BOX
Studio David Graas
Amsterdam, The Netherlands
DESIGNER **David Graas**
www.davidgraas.com

Not a box is a ceiling mounted lamp and packaging at the same time. All necessary parts (bulb, cable and lamp holder) are inside the box, together with a small manual for installation. This means there is no waste from packaging that normally goes along with products, packaged in a box. The cut out of the lamp shape functions as a graphical image of the lamp that could be inside the box but is not. Things are not what they seem and you are invited to look passed the first superficial impression. The lamp exists where the material is absent and becomes visible only when switched on.

Not a lamp es una lámpara de techo y packaging a la vez. Todas las partes necesarias (bombilla, cable y porta-lámparas) están dentro de la caja, junto con un pequeño manual para su instalación. Esto significa que no hay los típicos desechos que normalmente vienen con los productos empaquetados en una caja. El corte de la forma de la lámpara hace de imagen gráfica de la lámpara que podría estar en el interior de la caja, pero no lo es. Las cosas no son lo que parecen, y estás invitado a ver más allá de la primera impresión. La lámpara existe ahí donde el material está ausente y solo se hace visible cuando se enciende.

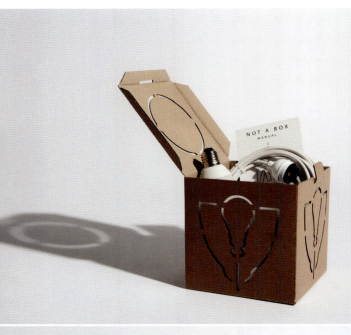

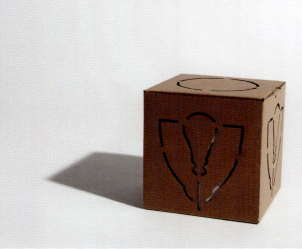

60BAG.COM
DEVON VISUAL GROUP
Warszawa, Polska
DESIGNERS
**Remigiusz Truchanowicz &
Katarzyna Okińczyć**
www.60bag.com
www.devon.com.pl

60BAGs are biodegradable carrier bags made out of flax-viscose non-woven fabric. It is a Polish made, scientifically developed and patented material. The flax-viscose fabric is produced with flax fiber industrial waste, which means it doesn't exploit any natural resources and minimizes the production energy use. This highly innovative technology makes the bags to naturally decompose in about 60 days after being discarded by the user. The bags can be composted or safely burnt which means they don't require expensive recycling processes. 60BAGs are available in different shapes and sizes to fit customer's needs. They are the breakthrough answer to polypropylene made "green bags" and to thick plastic bags given away by most clothing retailers.

60BAGs son bolsas biodegradables hechas de tela no tejida de lino y viscosa. Es un material patentado, científicamente desarrollado en Polonia. El tejido de lino y viscosa se fabrica con desechos industriales de fibra de lino, lo cual significa que no explota recursos naturales y minimiza el uso de energía de producción. Esta tecnología altamente innovadora hace que las bolsas se descompongan de forma natural 60 días después de que el usuario las deseche. Las bolsas se pueden compostar o quemar de forma segura, lo que significa que no requieren procesos de reciclado caros. 60BAGs están disponibles en varias formas y medidas para adaptarse a las necesidades del cliente. Son la respuesta revolucionaria a las bolsas "verdes" hechas de polipropileno y a las bolsas de plástico gruesas que dan la mayoría de tiendas de ropa.

ECO WAY
Tal Marco Design
Tel Aviv, Israel
DESIGNER **Tal Marco**
PHOTOGRAPHY **Shahar Aharoni**
www.talmarco.carbonmade.com

Using banana leaves as a new material to create new ecological packages for take away. Banana leaves are a by product which exists in many regions around the world. This material has a wax-like surface which is ideal for wet and greasy foods. It is flexible and therefore can be adapted to many types of packaging. The leaves last long after they are cut off the trees. The packages are cut to form using die cutting technology. No glue is used. The unique qualities of this material allow packages to be opened simply by tearing the banana leaf along its natural perforation.

Se utilizan hojas de platanero como nuevo material para crear envases ecológicos para llevar. Las hojas de platanero son un producto que existe en varias regiones del mundo. Este material tiene una superficie encerada que lo hace ideal para alimentos húmedos o grasientos. Es flexible, y por lo tanto se puede adaptar a muchos tipos de packaging. Estas hojas duran mucho tiempo después de ser arrancadas de los árboles. Los envases se cortan utilizando la tecnología del troquelado. No se utiliza pegamento. Las cualidades únicas de este material permiten que el envase se abra simplemente rasgando la hoja a lo largo de su perforación natural.

BIGABAGA
Kaaita
Ljubljana, Slovenia
DESIGNER & ILLUSTRATOR
Urska Hocevar
www.kaaita.com

The Bigabaga bag is a response to the environmental problems associated with paper bags. Bigabaga is put together without glue: a piece of recycled paper with preset folds is made into a bag, as in origami. A diagram printed on a bag shows how to fold it.

La bolsa Bigabaga es una respuesta a los problemas medioambientales asociados a las bolsas de papel. La bolsa Bigabaga se monta sin usar pegamento: un trozo de papel reciclado con unos pliegues predeterminados se convierte en una bolsa, como en el origami. Un diagrama impreso en la bolsa muestra cómo hacerlo.

GREEN EGGS
Swear Words
Melbourne, Australia
DESIGNERS **Scott Larritt, Sophie Good, Maureen Eu**
www.swearwords.com.au

For the Greens, freshness and quality are the most important things, along with environmental sustainability and the happiness and welfare of their hens. Green Eggs are for people who share these values and want to supply the best products to their homes and customers, whilst supporting regional Victorian food producers. We were asked to re-brand and package Green Eggs to communicate these values, and to have some fun in the process. All packaging, and print collateral makes use of recycled, unbleached paper and vegetable inks.

Para Greens, el frescor y la calidad son los aspectos más importantes, junto con la sostenibilidad medioambiental y la felicidad y el bienestar de sus gallinas. Los huevos Green Eggs son para gente que comparte estos valores y quiere traer los mejores productos a sus hogares y clientes, apoyando al mismo tiempo a los productores de la región de Victoria. Nos pidieron que nos encargáramos de la renovación de la marca y del envase de Green Eggs para transmitir estos valores y divertirnos en el proceso. Todo el packaging y los materiales impresos utilizan papel reciclado sin blanquear y tintas vegetales.

PUMA

Fuseproject
San Francisco, CA, USA
DESIGN Team **Yves Behar,
Josh Morenstein, Nick Cronan,
Seth Murray, and fuseproject**
www.fuseproject.com

Clever Little Bag. Why is it so clever? By providing structure to a cardboard sheet, the bag uses 65% less cardboard than the standard shoe box, has no laminated printing, no tissue paper, takes up less space and weighs less in shipping, and replaces the plastic retail bag. The structure was created with four walls that taper in to allow for secured stacking, another important element left over from the original shoebox.

Clever Little Bag. ¿Por qué es tan inteligente? Al proporcionar una estructura a la lámina de cartón, la bolsas utiliza un 65% menos de cartón que una caja de zapatos estándar, no tiene impresión laminada ni papel y ocupa menos espacio y pesa menos durante el transporte. Además reemplaza la bolsa de plástico de la tienda.   La estructura se creó con cuatro paredes que se estrechan gradualmente para un apilado seguro, que es otro de los elementos que no se tiene en cuenta en las cajas de zapatos originales.

BAJA BBQ PACK
Mike&Maaike
San Francisco, USA
DESIGNERS **Mike Simonian and Maaike Evers**
MANUFACTURER
Lazzari/ Design Annex
www.mikeandmaaike.com

14,500 tons of VOCs are emitted from the 46,200 tons of lighter fluid used in the United States every year. Lighter fluid can also leave a residue of toxic chemicals on grilled food. Current alternatives are difficult and messy... The baja bbq firepack is charcoal packaging that lights instantly and burns away in the grille, making the barbeque experience simple, clean and chemical free. Made from 100% recycled biodegradeable paper pulp, the package contains 2 lbs of natural lump charcoal and features an integrated chimney that creates perfect hot coals in 15-20 minutes without the aid of chemicals or lighter fluid.

Las 46.2000 toneladas de líquido encendedor utilizadas en los Estados Unidos cada año emiten 14.500 toneladas de COV (Compuestos Orgánicos Volátiles). El líquido encendedor también puede dejar un residuo de productos químicos tóxicos en la comida que se cocina a la parrilla. Las alternativas actuales son difíciles y sucias... El Baja BBQ Firepack es un packaging de carbón vegetal que se enciende instantáneamente y se quema en la parrilla, contribuyendo a que hacer una barbacoa sea algo simple, limpio y sin productos químicos. Hecho con pulpa de papel biodegradable 100% reciclable, el envase contiene 2 libras de carbón vegetal natural e incluye una chimenea integrada que consigue unas brasas perfectas en tan solo 15-20 minutos sin necesidad de productos químicos ni líquido encendedor.

165

NOT A LAMP
Studio David Graas
Amsterdam, The Netherlands
DESIGNER **David Graas**
www.davidgraas.com

Not a lamp is a table lamp and packaging at the same time. All necessary parts (bulb, cable and lamp holder) are inside the box, together with a small manual for installation. This means there is no waste from packaging that normally goes along with products, packaged in a box. The lamp exists where the material is absent and becomes visible only when switched on.

Not a lamp es una lámpara de mesa y packaging al mismo tiempo. Todas las partes necesarias (bombilla, cable y portalámparas) están dentro de la caja, junto con un pequeño manual para su instalación. Esto significa que no hay los típicos desechos que normalmente vienen con los productos, empaquetados en una caja. La lámpara existe ahí donde el material está ausente y solo se hace visible cuando se enciende.

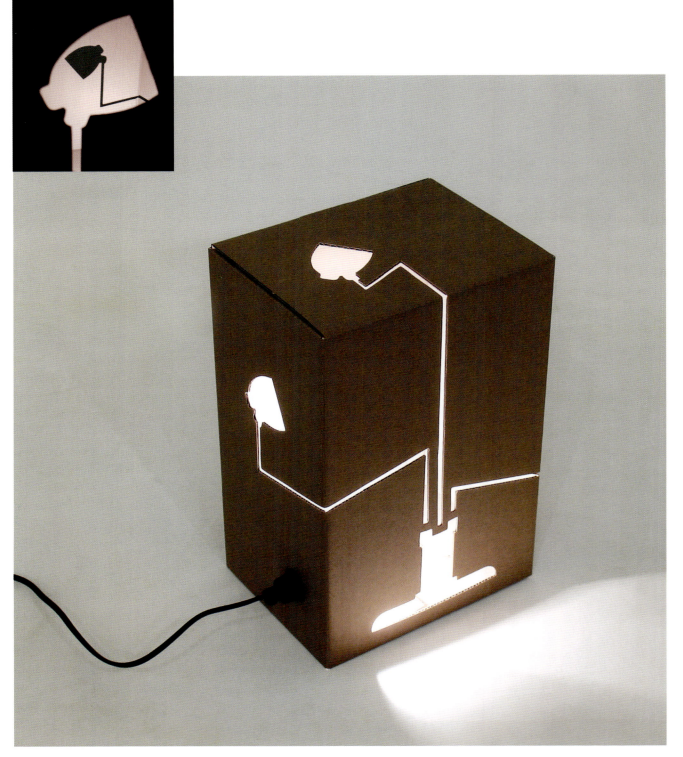

LANTERN
Kaaita
Ljubljana, Slovenia
DESIGNER **Urska Hocevar**
www.kaaita.com

Much of the additional waste headed to the landfill after the holiday season comes in the form of gift wrap and packaging. The alternative is not only to recycle, but to reuse. Siemens New Year Gift package is made of recycled paper and printed with water based inks. It is designed as "a packet of inspiration" - as the sparks of creativity, encouraging the recipient to face the "new", while also demonstrating the innovative nature of Siemens Corporation. Dot-It LED Light that comes with it transforms it into a portable lantern, that the gift recipient can use and enjoy long into the new year.

Gran parte de los desechos adicionales que se dirigen al vertedero después del periodo navideño son papel y embalajes de regalos. La alternativa consiste no solo en reciclar, sino en reutilizar. El paquete del regalo de Año Nuevo de Siemens está hecho con papel reciclado e impreso con tintas al agua. Está diseñado como "un paquete de inspiración" – como las chispas de la creatividad, que animan al receptor a enfrentarse a lo "nuevo", al mismo tiempo que demuestran la naturaleza innovadora de Siemens Corporation. La luz LED Dot-It que viene en su interior se transforma en una linterna portátil, que el receptor del paquete puede utilizar y disfrutar durante el nuevo año.

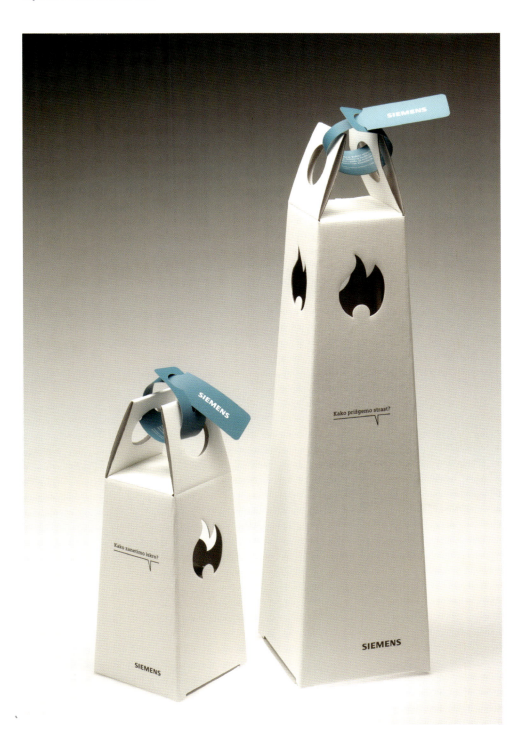

ANTARA
Dídac Ballester disseny
Valencia, Spain
DESIGNERS **Dídac Ballester, Cristina Alonso**
www.didacballester.com

Eco-friendly Chufa beer. To get away from the "designer" image, the project is intentionally designed to be simple, natural, clear and appealing.

Cerveza ecológica de chufa. La intención de alejarse del "diseño" y basarse en la sencillez, naturalidad, claridad y elegancia son las pautas que marcan este proyecto.

SARDINE PAPER CLIPS
OTOTO
Tel Aviv, Israel
DESIGN **OTOTO TEAM**
www.ototodesign.com

Keep your ocean of pages neat and organized with Sardine paper clips. These fish shaped paper clips are ideal for home, school and everyday office needs. Packed in a cool, reusable "sardine tin". Includes 30 paper clips.

Mantén tu océano de páginas limpias y ordenadas con los clips de papel Sardine. Estos clips de papel en forma de pescado son ideales para el hogar, la escuela y la oficina. Empaquetados en una divertida "lata de sardinas" reutilizable. Incluye 30 clips de papel.

ECOLEAN
Ecolean
Helsingborg, Sweden
DESIGN **Ecolean**
www.ecolean.com

The lightweight Ecolean package weights approximately 50-60% less than a conventional. Less use of raw materials saves energy during production, transport and waste handling. You can squeeze out practically 100 % of the content. When viscous products like yoghurt are sold in conventional one litre packages, nearly one deciliterstays in the package. Once empty, package is flat as an envelope. Their morphology provides an innovative design.

El envase ligero Ecolean pesa aproximadamente un 50-60% menos que un envase convencional. El menor uso de materias primas ahorra energía durante la producción, el transporte y la manipulación de desechos. Puedes extraer prácticamente la totalidad del contenido. Cuando productos viscosos como el yogur se venden en envases convencionales de un litro, casi un decilitro se queda en el envase. Cuando está vacío, el envase es plano como un sobre. Su morfología proporciona un diseño innovador.

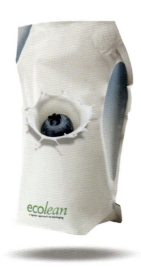

FOLDBAGS
Studio Ilvy Jacobs
Arnhem, The Netherlands
DESIGNER **Ilvy Jacobs**
www.ilvyjacobs.nl

These bags give a new view on everyday luxury and creates a new silhouette for the wel known paper bag. By transforming its usual shape I try to make it stand out and hopefully it will be cherished instead of being just thrown away.

Estas bolsas ofrecen una nueva visión del lujo cotidiano y crea una nueva silueta para la típica bolsa de papel. Al transformar su forma habitual, intento que destaque y con suerte sea guardada como un tesoro en lugar de tirada a la basura..

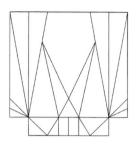

GOTTA MOO

Narani Kannan Agency
Toronto, Canada
DESIGNER **Narani Kannan**
www.naranikannan.com

"Gotta Moo" focuses on the most eco-friendly method for milk packaging. The package is made from Bagasse molded pulp paper, coated inside with sugarcane lignin and all print will use vegetable based inks. This method replaces the conventional use of plastic and plastic coated paper packaging for milk and will be compostable and recyclable. All components of this package are based on food safe material and do not rely on oil extraction. This new molded pulp milk packaging solution could be an eco-friendly vision of the future.

"Gotta Moo" se centra en encontrar el método más respetuoso con el medio ambiente para hacer envases de leche. El envase está hecho de papel de pulpa de bagazo moldeada, recubierto por dentro con recubrimiento de caña de azúcar. Toda la impresión utiliza tintas de base vegetal. Este método reemplaza el uso convencional de envases de plástico o de papel recubiertos de plástico para la leche. Es compostable y reciclable. Todos los componentes de este envase están hechos con materiales aptos para alimentos y no dependen de la extracción de petróleo. Esta nueva solución de packaging para leche de pulpa moldeada podría ser una visión ecológica del futuro.

PACKAPPLIQUE
Studio Boca
Torino, Italy
DESIGN **Studio Boca**
www.studioboca.it

Packapplique is a wall lamp realized with a suspended light bulb and its own packaging. The light bulb's box is an expanded polystyrene block caracterized by a hole shaped to contain and transport the bulb. Out of its packaging function the block becomes an expressive spacer and flex holder in the wall sconce. The weight of the light bulb hanging to the electrical cable is sufficient to fix the packaging block to the wall and stabilize it, without necessity to perforate or make other interventions on the wall.

Packapplique es una lámpara de pared hecha con una bombilla colgante y su propio packaging. La caja de la bombilla es un bloque de poliestireno expandido que se caracteriza por tener un orificio para guardar y transportar la bombilla. Cuando no tiene la función de packaging, el bloque se convierte en un expresivo espaciador y porta-cable en el candelabro de pared. El peso de la bombilla que cuelga del cable eléctrico es suficiente para fijar el bloque de embalaje a la pared y estabilizarlo, sin necesidad de perforar ni manipular de ningún modo la pared.

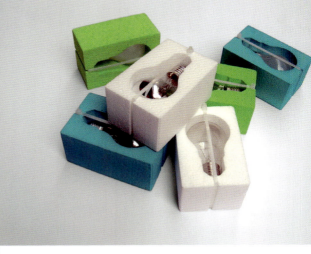

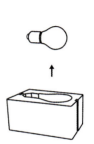

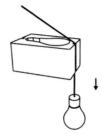

CD RASCANYA
Dídac Ballester disseny
Valencia, Spain
DESIGNERS **Dídac Ballester, Cristina Alonso**
www.didacballester.com

Recycled materials for a folk album that seeks to pack in the design of the disc's identity.

Materiales reciclados para un disco de música folk que busca en el diseño del pack la propia identidad del disco.

MEATY
Studio Chris Chapman
Bristol, UK
DESIGNER **Chris Chapman**
www.cjchapmandesign.co.uk

Plastics have pretty much revolutionized the food industry, from fruit to pasta, we have wrapped this incredibly versatile material around almost everything we eat. But as plastic becomes more prevalent it has actually begun to shape the industry itself, giving us longer shelf and transit times and ultimately leading to a complex and de-localised food network. This is an attempt to encourage local food consumption through the utilisation of more traditional materials…

Los plásticos han revolucionado la industria alimenticia. Desde la fruta a la pasta, hemos utilizado este material tan versátil para envolver casi todo lo que comemos. Pero a medida que el plástico se ha vuelto más prevalente, ha empezado a conformar la industria, proporcionándonos una vida útil y un tiempo en tránsito de los productos más largos y, en última instancia, llevándonos a un red de alimentos compleja y deslocalizada. Se trata de un intento de promover el consumo de productos locales por medio de la utilización de materiales más tradicionales…

NEZINSCOT FARM
Studio Lindsay Perkins
Maine, USA
DESIGNER Lindsay Perkins
www.lindsayperkins.com

The objective was to design a brand and packaging line that reflected the farm's eco-friendly agricultural methods. All packaging is reproduced individually, making each piece a little bit different, just as produce from an organic farm. The concept the grass is greener on our side in emphasized throughout the brand and product lines by the use of biodegradable paper made with grass seeds, so where ever and however the packaging is disposed, grass will grow one way to give back to the farms free range animals.

El objetivo era diseñar una marca y una línea de packaging que reflejara los métodos agrícolas respetuosos con el medio ambiente utilizados en la granja. Todo el packaging se fabrica individualmente, haciendo que cada pieza sea un poco distinta a las demás, igual que los productos de una granja orgánica. El concepto "el jardín del vecino siempre parece más verde" se pone de relieve en la marca y en la línea de productos por medio del uso de papel biodegradable hecho con semillas de césped, así que se tire donde se tire el envase, el césped crecerá para alimentar a los animales camperos de la granja.

TOC D'ESPELTA
Núria Vila / Espai creatiu
Granollers-Barcelona, Spain
DESIGNERS **Núria Vila &
Laura Rodríguez**
www.nuriavila.net

Design of an organic "spelt" wheat beer handmade elaborated. We created a recyclable and reusable packaging, printed just by one ink, using typical field's materials.

Diseño de una cerveza ecológica de trigo de espelta elaborada artesanalmente. Hemos hecho un envase reciclable y reutilizable con impresión a una sola tinta, utilizando materiales típicos del campo.

FIY
Studio David Graas
Amsterdam, The Netherlands
DESIGNER **David Graas**
www.davidgraas.com

The "FIY junior" children's chair is a Finish It Yourself product. The packaging of the chair is an integral part of the design made possible because the material of the product and the packaging are exactly the same. In the cardboard box two parts of the chair are for the most part pre-cut. The user has to cut them free from the box and then assemble the chair together with the other parts inside the box. The big advantage is that in this way you use most of the packaging as well, resulting in less waste. If you decide to get rid of it after some time anyway, you will not have to feel so guilty, because the material is recyclable. You can just disassemble it and put it in the waste-paper container.

La silla infantil "FIY junior" es un producto que tienes que acabar tú mismo. El packaging de la silla es parte integral del diseño, gracias a que el material del producto y del packaging es el mismo. En la caja de cartón, dos piezas de la silla están en su mayor parte pre-cortadas. El usuario tiene que acabar de cortarlas y luego montar la silla junto con las otras partes que hay en la caja. La gran ventaja es que de este modo utilizas parte del packaging para hacer la silla, con lo cual se reducen los desechos. Si al cabo del tiempo decides deshacerte de ella, no te sentirás tan culpable, porque el material es reciclable. Tan solo tienes que desmontarla y ponerla en el contenedor de papel.

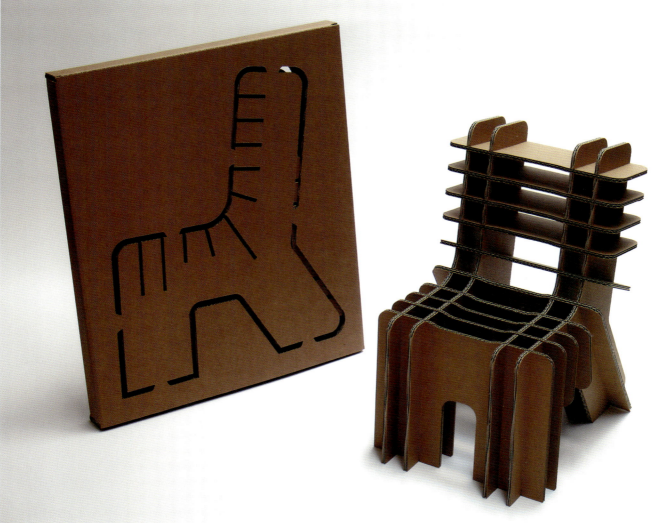

**HELP REMEDIES
OTC MEDICATION**

ChappsMalina
New York, USA
Structural and Product Design
ChappsMalina
Identity and Graphics **Little fury**
www.chappsmalina.com

Help Remedies is a line of OTC medication aimed at making simple health issues simple. The line consists of 6 products that are designed to Help guide the consumer through the medicine aisles with ease and comfort. The product approach was simple; it's clean and minimal with enough coding and approachable cues to clearly articulate the symptom as directly as possible. To reinforce the Help Remedies message of responsibility the packaging was designed and manufactured using a highly innovative combination of paper pulp and co-molded corn-based plastic making it completely compostable and a first of it's kind. Key elements such as new materials, color coding and clever narrative have culminated to create a purely unique shelf presence and rethinking of the OTC medication experience.

Help Remedies es una línea de medicamentos OTC que pretende simplificar los temas de salud simples. La línea consiste en 6 productos diseñados para ayudar a guiar al consumidor por los pasillos de medicinas con facilidad y comodidad. El enfoque del producto era sencillo, limpio y minimalista, con suficientes códigos e indicaciones para articular claramente el síntoma del modo más directo posible. Para reforzar el mensaje de responsabilidad de Help Remedies, el empaque se diseñó y se fabricó utilizando una innovadora combinación de pulpa de papel y plástico a base de maíz, de modo que es totalmente compostable. Los elementos clave como los nuevos materiales, la codificación por color y una narrativa ingeniosa han logrado crear una presencia en la estantería única y que se reconsiderara el modo de entender la medicación de libre venta.

EOS
Noem9 Studio
Zaragoza, Spain
DESIGNER **Noem9**
www.noem9studio.com

Eos is a brand that stands out for their coffee flavour. So we created an icon design from a coffee splat to represent the three flavors. And for the wall graphic we created a coffee illustration for the advertising campaign with the quote "It's not about the movies, it's the coffee" with Marilyn Monroe portrait next to the quote. Eos represents the sensibilities of an enlightened, modern international food company – even its name (the Greek goddess of dawn) suggests a new beginning. Grown organically, distributed via fair trade and in packaging meant to reduce its carbon footprint.

Eos es una marca que destaca por el sabor de su café. Creamos un diseño icónico a partir de una salpicadura de café para representar los tres sabores. Y para las paredes creamos una ilustración para la campaña publicitaria con el lema "It's not about the movies, it's the coffee" (Lo importante no son las películas, es el ccafé) conla foto de Marilyn Monroe al lado de la cita. Eos representa las sensibilidades de una compañía alimenticia internacional, moderna e ilustrada – hasta su nombre (la diosa griega del amanecer) sugiere un nuevo principio. Se cultiva de forma orgánica y se distribuye de acuerdo con las reglas del comercio justo en un packaging que reduce su huella de carbono.

HANGERPAK
Agency Steve Haslip
London, UK
DESIGNER **Steve Haslip**
www.stevehaslip.com

A sustainable method of delivery for online t-shirt companies, that becomes more than just packaging. The pillow pack form is used because of its strength, to protect the contents and arrive in one piece. As you tear open the package you create a coat hanger to hang your t-shirt on. The packaging could be made from recycled card or plastic and the only waste is the green tear-away tab, less than 5% of the material used.

Un método sostenible de entrega para empresas de camisetas online que se convierte en algo más que un simple envase. El formato "pillow pack" se utiliza por su resistencia, para proteger los contenidos y que lleguen de una pieza. Cuando abres el paquete creas una percha para colgar la camiseta. El packaging se puede hacer de cartón o plástico reciclado. El único material que se desecha es la pestaña desprendible de color verde, que supone menos del 5% del material utilizado.

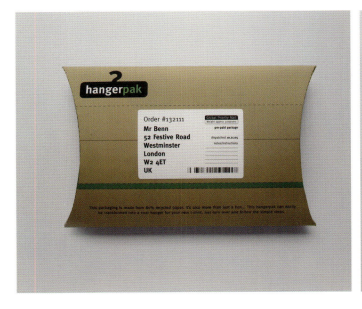
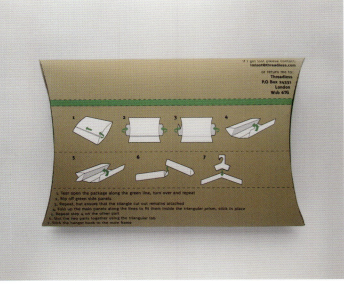

AQUATUS+
Fontos Graphic Design Studio
Budapest, Hungary
DESIGNER **Mate Olah**
ILLUSTRATOR **Gabor Gloviczki**
www.fgs.hu

This package design was made for an hungarian hygienic products, that will help women to improve their quality of life and can be used for prevention at the same time. We used a totally different way of thinking to made this stuff stylish and feminine.

Este diseño de envase se hizo para unos productos higiénicos de Hungría destinados a mejorar la calidad de vida de las mujeres. También se pueden usar como prevención. Utilizamos un modo de pensar totalmente distinto para que fuera estiloso y femenino.

184

FOOD LOVERS
Studio Isabela Sertã
Belo Horizonte, Brazil
DESIGNER **Isabela Sertã**
www.isabelaserta.com

The idea of this project is to promote a more healthy food consumption and, concurrently, to also promote sustainable local agriculture. Food Lovers is the brand for a little market, that sells products of its own farm. The changing symbol of the brand shows the movement of the cooking process. The hands, which are the greatest instrument that a person needs to cook, interact with the typography of chalk, "tasting" and "preparing" it. The set of five packages has references of particular things that reminds old packages, regarding the idea that food used to be more natural and healthy than nowadays. The typography was created after a research on this field of business, where the products are traditionally mentioned on a blackboard, in large separated letters written with a piece of chalk.

La idea de este proyecto es promocionar un consumo más saludable y al mismo tiempo promover la agricultura local sostenible. Food Lovers es una marca que vende productos de su propia granja. El símbolo cambiante de la marca muestra el movimiento del proceso de cocción. Las manos, que son el instrumento principal para cocinar, interactúan con la tipografía de la tiza, "probando" y "preparando" la comida. El conjunto de cinco paquetes tiene referencias a cosas concretas que recuerdan a los envases antiguos, en relación con la idea de que la comida solía ser más natural y saludable que en la actualidad. La tipografía se creó después de una investigación sobre este tipo de negocio, en el que tradicionalmente los productos se escribían en una pizarra, con letras grandes y separadas, escritas con un trozo de tiza.

4YOUR BABY
Fontos Graphic Design Studio
Budapest, Hungary
DESIGNER **Mate Olah**
PHOTOGRAPHY **Gabor Gloviczki**
www.fgs.hu

4your Baby is a concept brand that I have designed. The idea behind the product was so simple: I would have liked to designing a product that simultaneously usable and playful too. I think this package design is modern, fashionable and emotional.

4your Baby es una marca especializada que he diseñado. La idea era muy simple: quería diseñar un producto que fuera al mismo tiempo utilizable y divertido. Creo que este diseño de packaging es actual, moderno y emotivo.

T-SHIRT DESIGN KIT
GT Design International Co.Ltd.
Tokyo, Japan
DESIGNER **Henry Ho**
www.gtdi.co.jp

Our challenge was to create product that pursue the brand concept, 'Born to Create'. We wanted products that encourage children to participate in the design process, and find joy in that process. The T-shirt has a color area that is shaped to stimulate children's idea and also be aware of the design process which always has limits. The outer packaging uses egg carton material for awareness of ecology and the shape is easy to display, as well as easy for children to carry.

Nuestro reto era crear un producto que cumpliera el concepto de la marca, "Nacido para crear". Queríamos productos que animaran a los niños a participar en el proceso de diseño, y que se divirtieran haciéndolo. La camiseta tiene una zona de color a la que se le ha dado forma para estimular las ideas de los niños y que sepan que el proceso de diseño siempre tiene unos límites. El embalaje exterior utiliza el material del cartón de huevos para concienciar sobre la ecología. Además, la forma es fácil de exponer y es fácil de llevar para los niños.

SYKORA ORGANICS
Studio Joe Stephenson
London, UK
DESIGNER **Joe Stephenson**
www.joestephenson.co.uk

An identity capturing the premium positioning and green credentials of Sykora, an organic cosmetics company based in Cornwall, England. The identity draws on Sykora's location and heritage, with the stylised Cornish heath flower and Cornish tin providing strong visual characteristics for the packaging. The corrugated cardboard wrap-around reduces materials used for secondary packaging, with the die-cut circles holding the tin in place. A bespoke typeface was created, taking inspiration from star charts - the product ingredient maceration process is said to harness solar energy. The Cornish heath flower logo is enlarged and used as abstract illustration across product ranges, with the flower colour providing differentiation. All materials used are 100% recyclable.

Una identidad que capta el posicionamiento de marca de primera fila y las credenciales ecológicas de Sykora, una empresa de cosmética orgánica basada en Cornwall, Inglaterra. La identidad utiliza la ubicación y el legado de Sykora, con la estilizada flor de brezo y la lata de Cornwall que le proporcionan al packaging unas características visuales fuertes. El cartón corrugado como envoltorio reduce los materiales utilizados como packaging secundario, ya que los círculos troquelados sujetan la lata en su lugar. Se creó una fuente a medida, inspirada en las cartas estelares: el proceso de maceración de los ingredientes del producto aprovecha la energía solar. El logotipo de la flor de brezo de Cornwall se amplía y se utiliza como ilustración abstracta en las gamas de productos, en las que la diferenciación la marca el color de la flor. Todos los materiales utilizados son 100% reciclables.

KNUTHENLUND
Envision
Copenhage, Denmark
DESIGNER **Thomas Kjaer**
ILLUSTRATOR **Thomas Kjaer**
www.envisiondesign.dk

The milk used to produce Knuthenlund organic dairy products comes from sheep and goats reared on the estate itself. As a result, the flavour and texture is conserved in this fresh delicate-tasting milk. The company's eco-friendly policy is a primary factor in the development of sustainable packaging. Boxes are made from poplar wood and starch based paper from potatoes. The milk is sold in recyclable glass bottles.

Los productos lácteos se basan en la leche de sus propias ovejas y cabras. La granja produce una leche fresca muy suave que conserva el sabor y la textura de la leche. Knuthenlund se compromete con el medio ambiente, esta actitud ha sido importante en el desarrollo de envases sostenibles. Las cajas son de álamo y el papel de almidón de patata, la leche se vende en botellas de vidrio reutilizables.